図解 写真とイラストでわかる！

人生がはかどる「ふせんノート」

ふせんノート博士
坂下 仁 sakashita jin

JN171333

フォレスト出版

夢を叶える　能率アップ　勉強

スケジュール調整　タスク管理

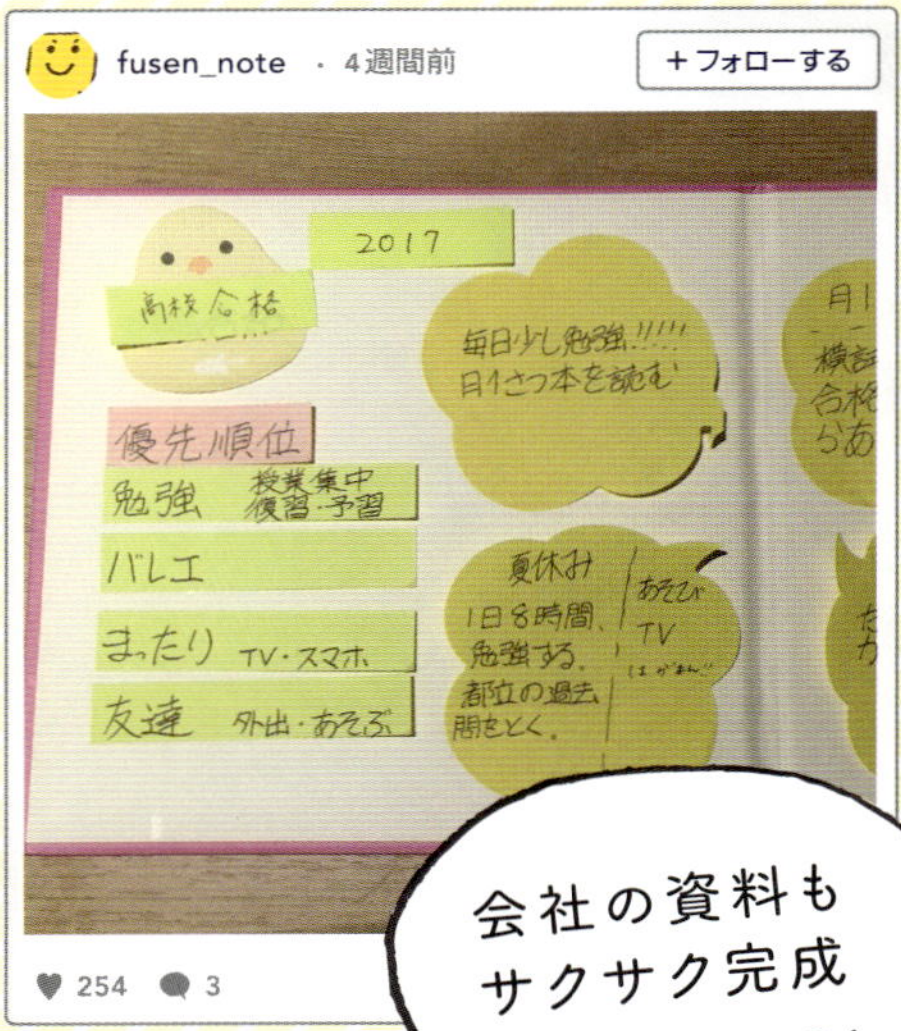

やりたいことを
整理して
夢を叶える
—— P4

会社の資料も
サクサク完成
—— P6

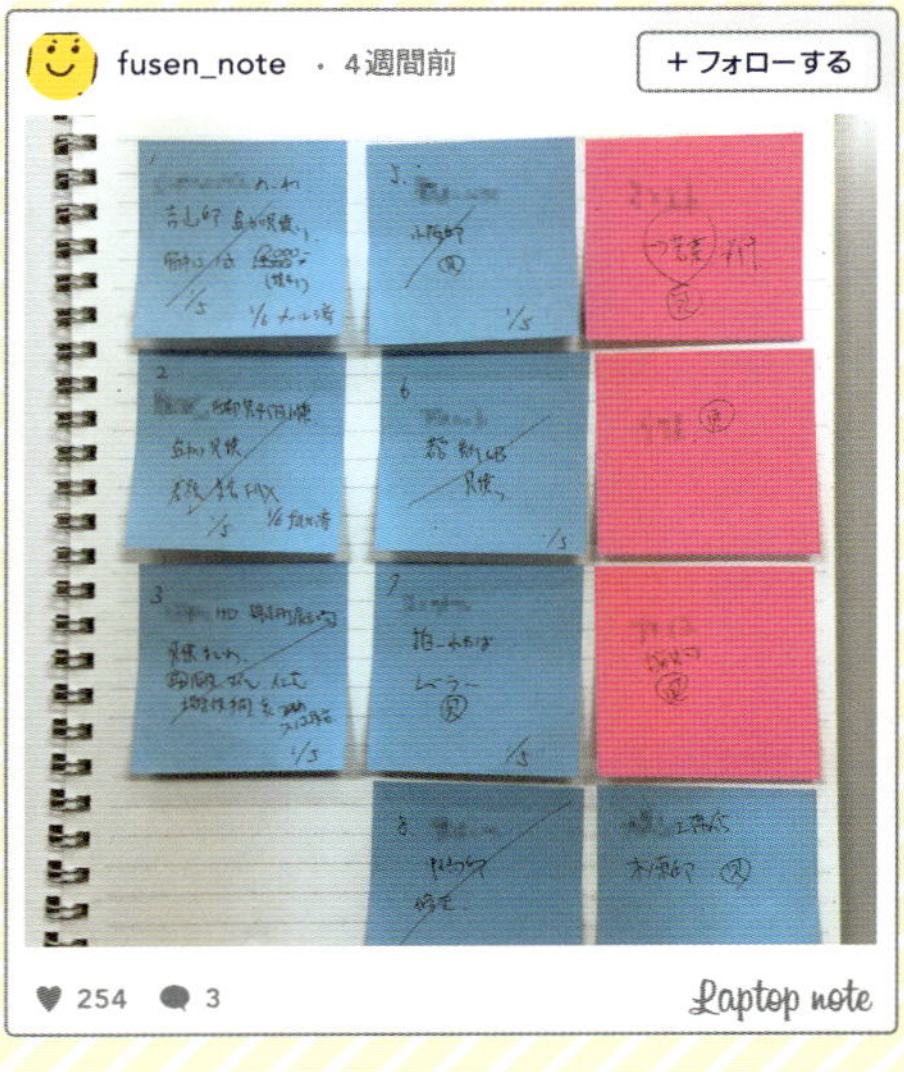

仕事の指示も
ふせん1枚で
完了
—— P6

「ふせんノート」で人生は思いどおり！

無駄な
行動がなくなり
夢へ一直線
—— P8

家族の予定を
共有しあい、
コミュニケーション
が活性化
—— P8

たった1冊のノートで資産数億円！人生がはかどる「ふせんノート」はこうして生まれた！

偶然から生まれた「ふせんノート」でセミリタイアを実現！

ふせんノート博士　坂下 仁

ふせんノートさえあれば、仕事も勉強も人間関係もお金も夢も人生も、何もかもが思い通りにはかどり始めます。めんどうなルールがなくて自由度が高いので、あっけないくらい簡単です。「ふせんに書いてノートに貼るだけ」ですから、当たり前です。

そんなふせんノート術ですが、生まれたきっかけは偶然でした。2006年頃、私はロディアブロックNo・11というメモ帳を愛用していました。ミシン目が入った方眼用紙なので使いやすかったのですが、切り離す度に失くします。仕方なくノートにホッチキス留めしたのですが、ノートが分厚くかさばり、ホッチキス留めする作業も面倒になりました。そこで思いついたのが、ロディアと同じサイズのふせんにメモをし、それをノートに貼り付ける方法です。

こうして何気なく始めたふせんノート術ですが、そこから私の人生は一変しました。**借金生活から一転、夢だったセミリタイアも実現**できました。あなたにも同じように、思い描いている夢を実現して欲しいと願っています。

本書では、初心者でも分かるようにカラー写真と図解とを取り入れながら、具体的な実例を紹介しました。

目からウロコの活用法も散りばめていますので、既に実践されている方にとっても宝探しのようなワクワク感を楽しんでいただけます。

ふせんを貼り替えるような感覚で、きゅうくつな人生がストレスのない人生に貼り替えられていく過程をぜひ実感してみてください。

すべての情報が1冊にまとまり、すぐ見返せる！集めた情報を必ず活用できる！

仕事用とプライベートはノートを使い分ける

A4書類

ふせんノートは、A4ノートをベースにします。そのため、配布された書類もふせんと一緒に管理できます。

スマホ手帳

スマホカバーにふせんを常備すれば、スマホだけ持ち運ぶことができます。

卓上ふせん

作業をしながらすぐにメモをとれるように、ふせんをデスクに固定してしまいます。ふと思いついたアイデアももれなく書き留めることができます。

お風呂ふせん

お風呂でリラックスしている時はいいアイデアが浮かびやすい時です。水に濡れても大丈夫なビニル製のふせんには鉛筆でメモをすることができます。

LEDふせん

昔から「馬上・枕上・厠上」の三上でアイデアが浮かびやすいといいます。寝入りばなや寝ている間に思いついたことも、LEDライトにふせんを設置して、逃さずキャッチします。

私たち「ふせんノート」で人生がはかどってます！

Case 1

優先順位をハッキリさせて、夢を叶える！子どもが自発的に勉強するように

40代
自営業

中学2年生の娘の成績が下がってきていることを親子で悩んでいました。娘が志望する学校や夢と現実が乖離《かいり》していたのです。

そこで、ふせんをＡ４の紙に10枚ずつ貼り、今の生活に大切なものを10個書き出しました。娘に、「行きたい高校に入れる人生とそうでない人生、どっちがいい？」と問いかけながら、**大切なことを書き出した10枚のふせんを、優先順位が高い順に張り替えて**いきました。

叶えたい夢と今の現実のギャップが目に見えるようになったのは、いい刺激だったと思います。今現在、本当にやらなければならない「第二領域」を知ることができ、課題が整理され、やるべきことをひとつひとつ対処できるようになり、不安な気持ちが解消されました。

また、「志望校に入れたらどんなご褒美を自分にあげるか」「志望校に合格した時の気持ち」も書き出しました。「ピアスを空ける」「海外旅行に行く」など、具体的に書き出すことで、モチベーションが上がるようです。「高校の学園祭が楽しみ!!」といった合格した時の気持ちを想像することもやる気アップにつながり、自発的に勉強に取り組んでくれるようになったと思います。

もともと私がやっていたことを娘に応用してみたのですが、娘がふだんどんなことを考えているのか、**彼女が何を楽しみにしているのかを知ることができたのも、大きな副産物**でした。母親として、彼女の夢を応援していこうと、気持ちが新たになりました。

POINT

書き出したふせんは、100円ショップで見つけたかわいい台紙に貼り替えて、時折手に取ってモチベーションを上げています。とくに女の子は手紙を書いたりメモをするのが好きなので熱心に取り組むようです。目標達成に向けてどうしたらいいか、具体的な行動目標も書き出しました。

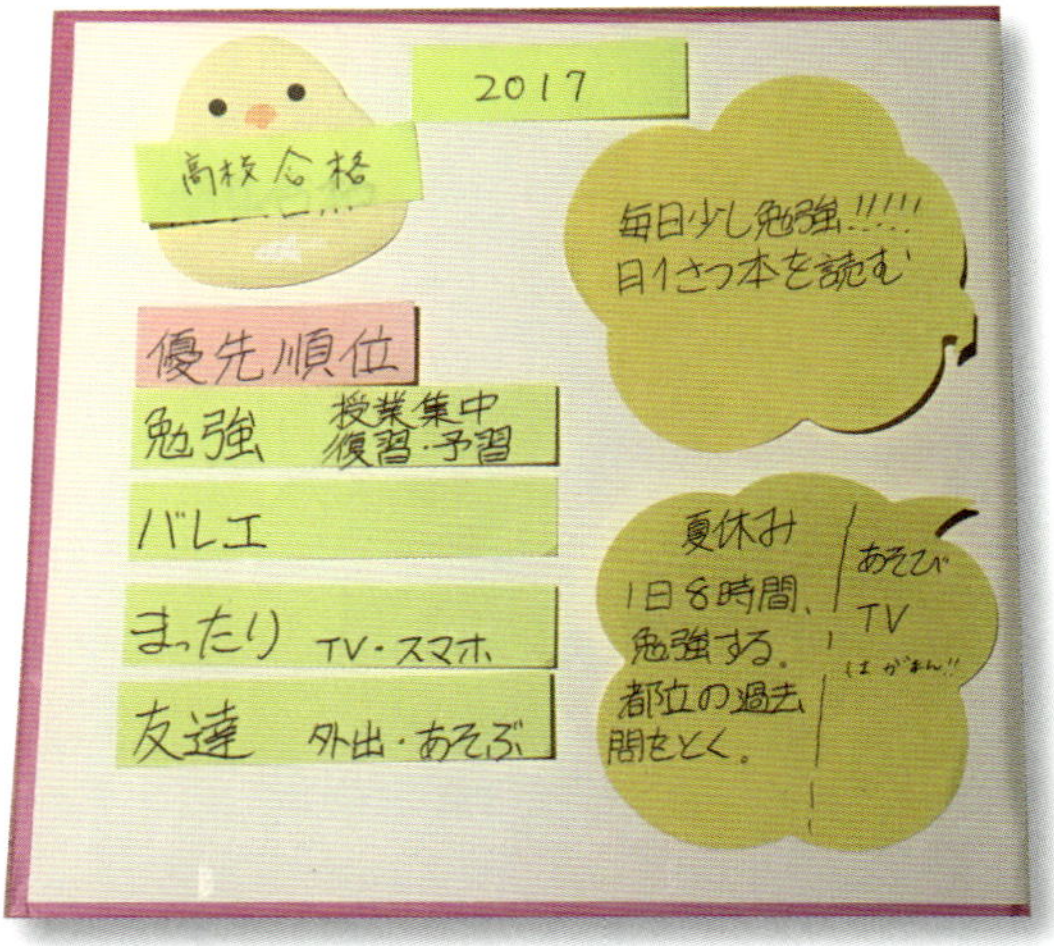

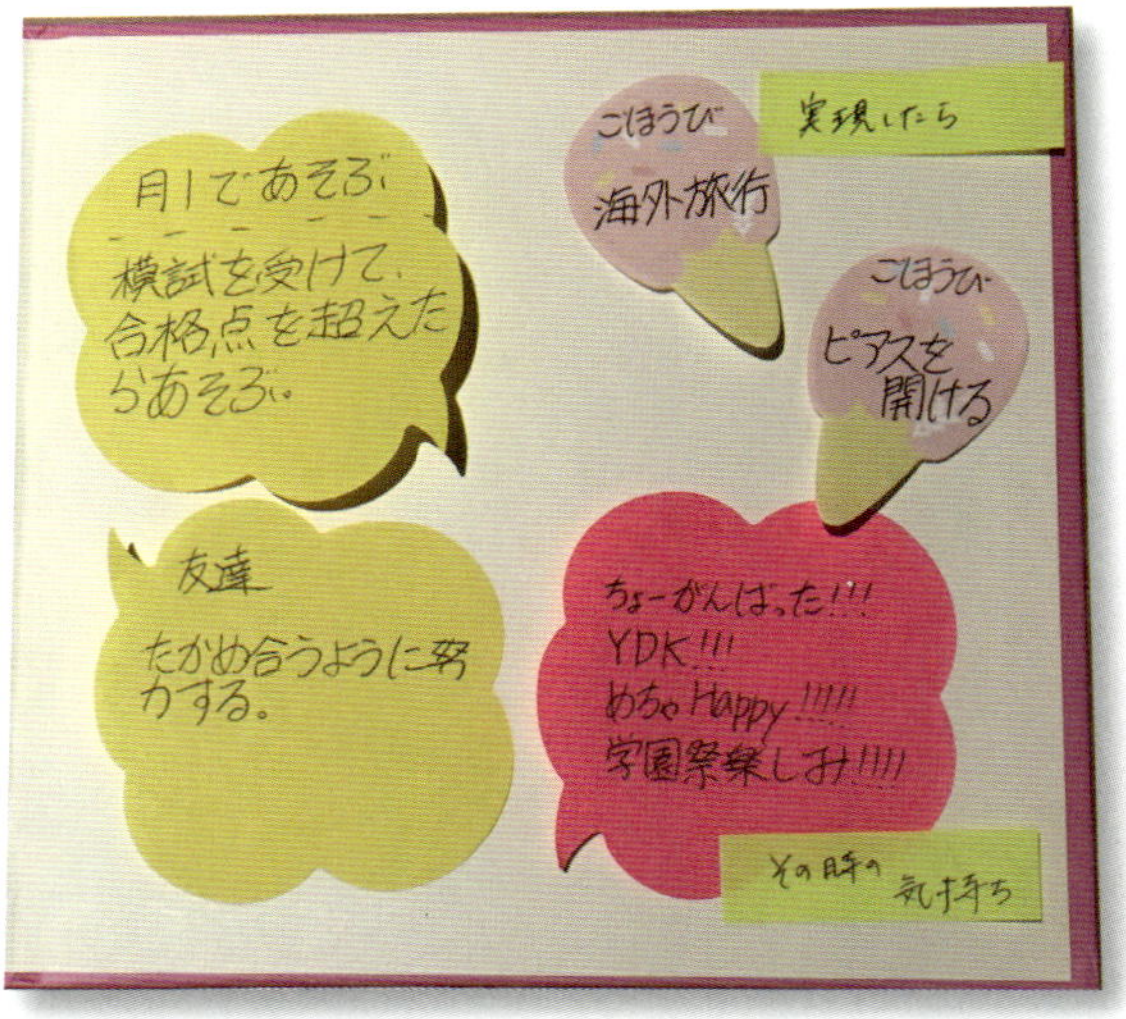

POINT

「志望校合格」という大きな目標だけでは途中でつらくなってしまうので、「模試で合格点を超えたら遊ぶ」など、途中経過の目標とご褒美を設定しました。また、友人関係といったプライベートな事柄にも目標を立て、勉強と遊びのバランスが取れるようにしました。

私たち「ふせんノート」で人生がはかどってます！

Case 2　会議資料もふせんを集めれば即完成！

30代
団体職員

まず、仕事とプライベートでノートを2冊使っています。とにかく気づいたことは携帯しているふせんにメモをして、案件ごとに貼り付けます。最も重要なことは、ノートの一番最後に貼るようにして、優先順位を上げるようにし、タスクもれがなくなりました。**会議資料もふせんを集めればすぐに作成**することができ、仕事の効率も非常に上がりました。

プライベートのノートには、将来のために副業を考えているので、その学びだったり、調べたことをまとめたりしています。課題や進捗状況がひと目で分かるので、モチベーションも上がり、日々充実しています。仕事や学びに効果があることは分かっていましたが、**気持ちの面でここまで効果があるとは思っていませんでした**ので、驚いています。

Case 3　仕事の指示出しもふせん1枚で完了！

40代
土木関係

大半を社外で過ごし、1日に50本も電話がかかってくるような仕事をしています。電話で受けた内容はすべてふせんにメモをするようにし、タスクを整理するようにしました。

自分以外のスタッフに対応してもらいたい案件については、**メモをしたふせんをそのまま担当者に渡せばいい**ので、引き継ぎが大変ラクになりました。

依頼した案件についてはすべて番号を振り、終わったら、番号の書かれたふせんを戻してもらいます。番号を見れば、タスクがもれなく完了できたのか、すぐに分かる仕組みです。

仕事が効率化され、空いた時間を使って、**将来のために勉強することができる**ようになり、まさに人生がはかどっているな、と実感しています。

POINT

使用しているふせんがグレーで地味ですが、案件ごとにカラーペンで囲って、検索性を上げています。案件によっては、ふせんとともに関係者の名刺をノートに貼ることもあり、その際は、「スコッチ　はってはがせるスティックのり」が重宝しています。

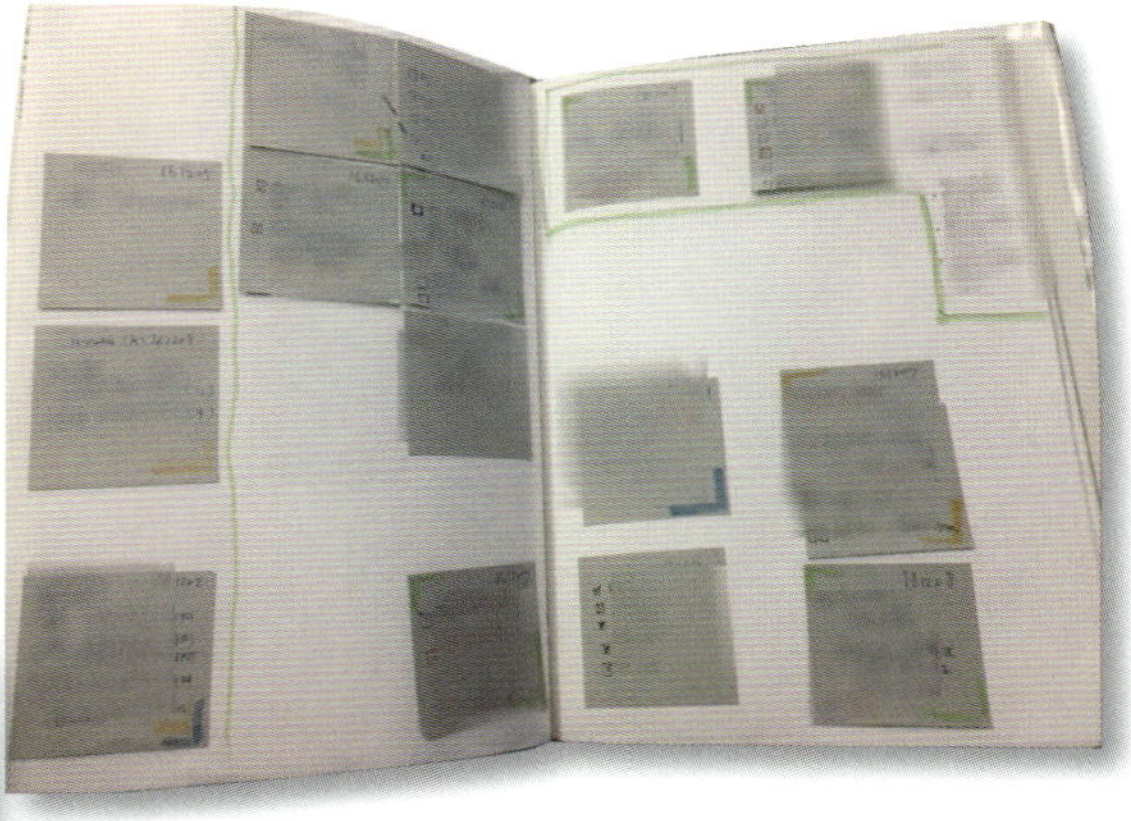

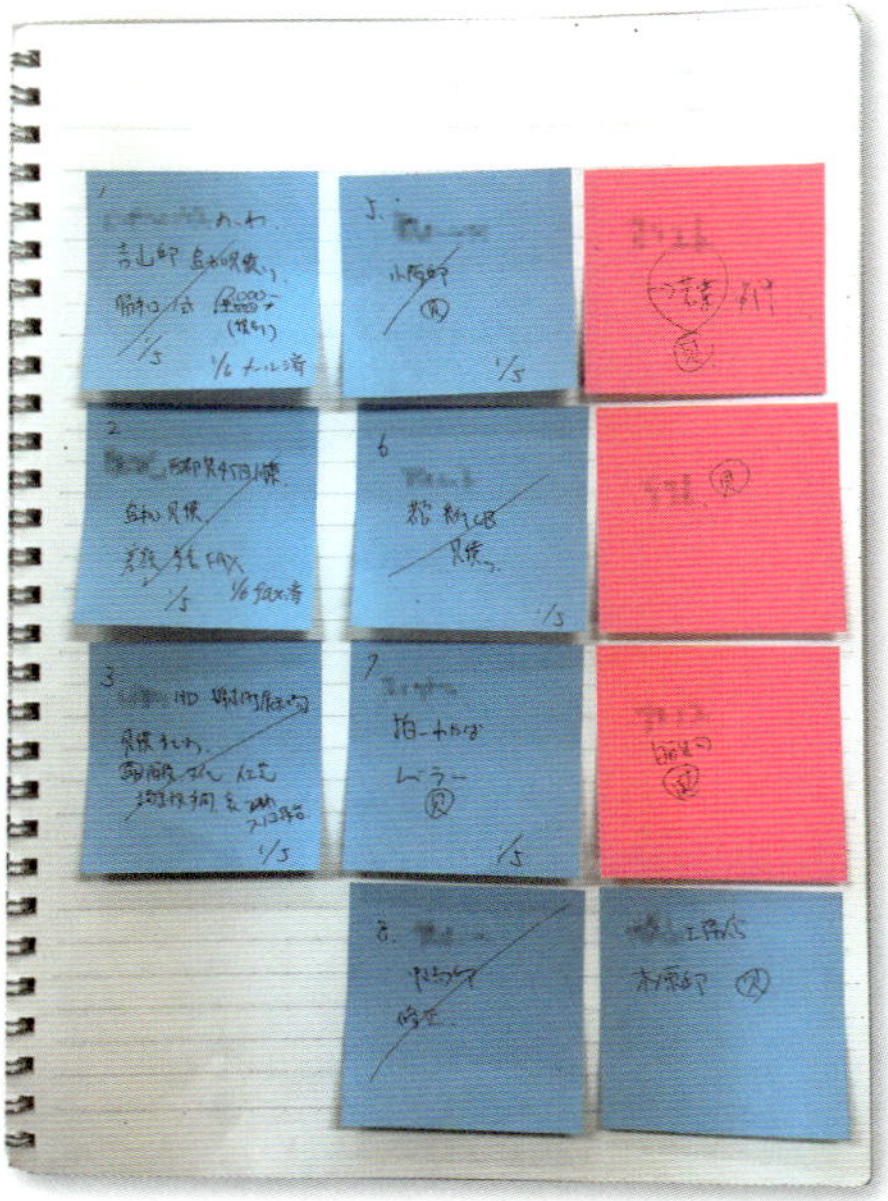

POINT

1枚のふせんに1つのタスクを書き込むのが基本です。ふせんのはじに日付と仕事をお願いしたい担当者の名前、通し番号をあらかじめ振っておきます。終わったタスクを眺めて味わう達成感が気持ちよく、仕事のモチベーションも上がります。

私たち「ふせんノート」で人生がはかどってます！

Case
4

目標に向かって何をしたらいいかを1冊のノートで！
家族の夢もふせんで共有！

40代
公共サービス関連

Ａ４のクリップファイルの表紙裏に、気づいたことや直近でやることを書き留めたふせんをどんどん貼り付けるようにしました。クリップファイルには上から順に、Excelで管理している月間スケジュールの打ち出し（3か月分）、支出分析用にこれもExcelで自作した月間支出予定・実績書き込みシート、押さえておきたい情報をメモしたふせんをコピー用紙を台紙にしてジャンル別に分けて貼り付けたもの、最後に、短期・中期・長期目標を書いた「夢実現シート」（本書第9章にて紹介）を綴じています。

夢や目標を現実化するために**自分が日々何をしたらいいかを1冊のクリップファイルで常に把握**することができ、行動がブレず、また、無駄に時間を費やすことが減ったように感じています。

また、黒板をダイニングに設置し、家族が各々のスケジュールや目標、欲しいものなどを書いたふせんを貼り付けられるようにしています。

平日は仕事で帰りが深夜になることもままあり、妻はパート、子どもは部活や塾と、家族がそろう機会がなかなかないので、ふせんを活用して気軽に情報共有するしくみを作ってみました。

あわせて、月一回のペースで家族会議を開き、皆で予定の確認と当月に必要なもの・購入するものの見極めを行っています。

こうしてお互いの予定、どんなことに取り組んでいるのか、何が必要なのかをタイムリーに知ることができ、**家族間のコミュニケーション、意識合わせがスムーズ**にできるようになり非常に助かっています。

POINT

やるべきことが常に目に入る状態なので、行動や決断が早くなったことを実感しています。また、最終ページに綴じた夢実現シートを振り返ることで、その行動や決断のひとつひとつが目標達成に必要なのかそうでないかを、いつも意識することができるようになりました。

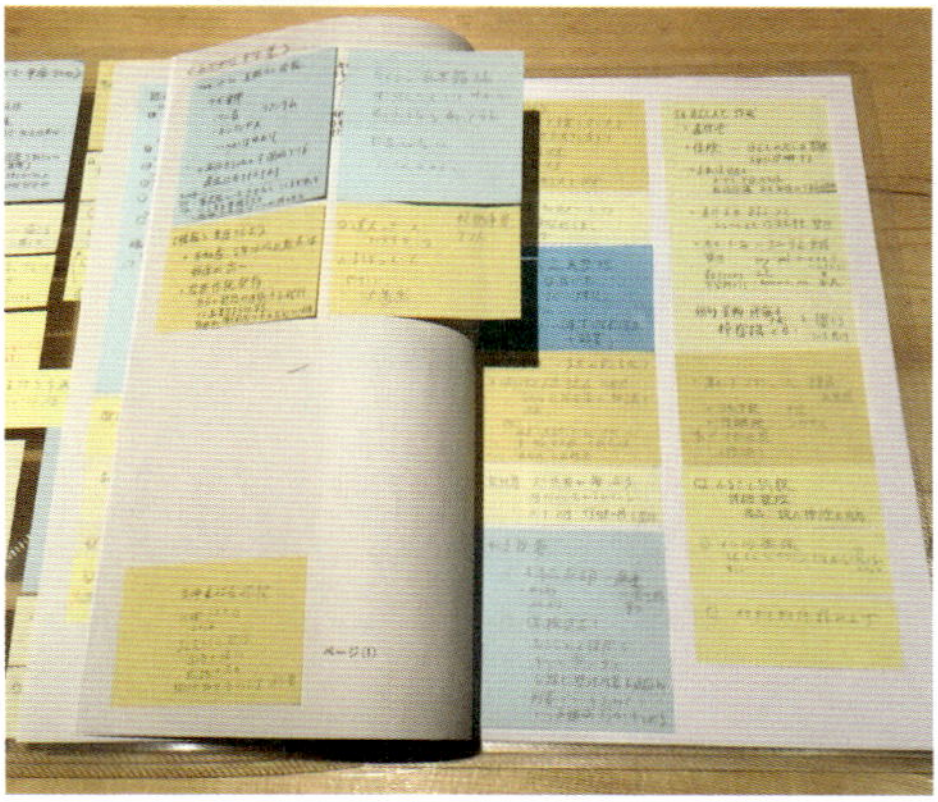

POINT

コピー用紙を台紙にして、メモを書き留めたふせんをジャンル別に貼り付けていきます。終わったこと、達成したこと、不要になったことは、別に準備した記録保存用2穴紙ファイルに移して、クリップファイルには今必要なことのみをコンパクトにまとめるよう意識しています。

POINT

家族が集まるダイニングに設置した黒板です（ホームセンターやネットショッピングなどで手頃に入手できます）。家族のスケジュールを把握できるので、帰省や長期休暇の予定などを立てやすくなりました。また、欲しいもの、必要なものも書き出してあるので、直前になって必要なものがないと慌てることも減りました。

ふせんノートがキレイに作れる！

おすすめふせん紹介

100円ショップでも便利でかわいいふせんはたくさん販売されているが、ふせんノートに使うふせんは、貼り替え作業が生じる。そこで、ここではしっかりとくっつき、さらにコストパフォーマンスも抜群の坂下仁氏おすすめのふせんを紹介しよう。

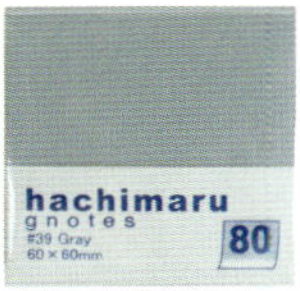

hachimaru

（gnotes 100枚／冊）

10mm×60mm

75mm×75mm

面積の80％にのり!!
だから剥がれにくい

「名は体を表す」という言葉通り、ふせん面積の80％にのりが塗られているため、しっかりとくっつき、何度貼り替えても粘着性が落ちない。のりにはホルムアルデヒドが含まれていないため安全で、インクを通しづらいので油性ペンでも安心してメモが残せる優れもの。写真上は60㎜×60㎜（本体価格¥270）のスタンダードサイズだが、写真左のように、10㎜×60㎜（本体価格¥360）の見出しサイズや、75㎜×75㎜（本体価格¥290）のビッグサイズもある（販売：プリントインフォームジャパン株式会社）。

POWERS

（gnotes 100枚／冊）

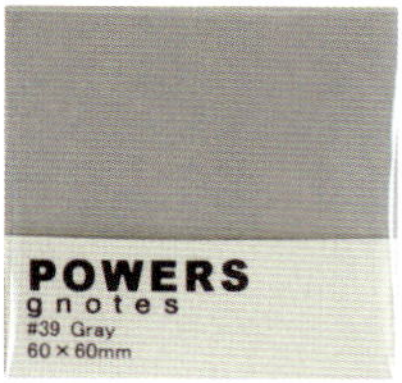

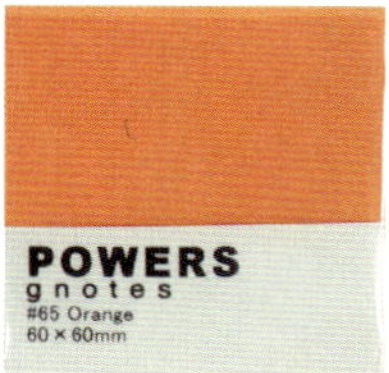

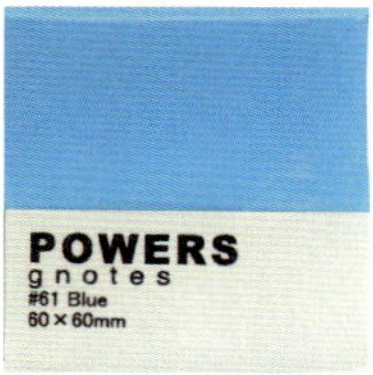

粘着力はなんと2倍！安心安全の強粘着ふせん

「hachimaru」よりも明るい色のふせんである「POWERS」は、粘着力に特化したふせん。ふせん面積の約半分に塗られたのりは、通常のものより2倍の粘着力を持つ。また、「hachimaru」と同じくホルムアルデヒドが不使用の水溶性粘着剤を使用し、インクで下のふせんが汚れる心配もない。写真左上の60mm×60mm（本体価格￥270）だけでなく、15mm×60mm（本体価格￥320）、30mm×30mm（本体価格￥320）、30mm×60mm（本体価格￥300）、75mm×75mm（本体価格￥290）のサイズ展開だけでなく、大きさや色が異なるふせんがセットになった「カラーバリエーション」と呼ばれるふせんセットもある（販売：プリントインフォームジャパン株式会社）。

大きさや型のバラエティが豊富！

15mm×60mm

30mm×30mm

30mm×60mm

75mm×75mm

POWERS-9

15mm×60mm4色、30mm×30mm4色、60mm×60mm1色の9種類のふせんセット。1種類につき50枚ある（本体価格￥500）。

ふせんの手帖

60mm×60mm2色、15mm×60mm4色、30mm×30mm4色の10種類のふせんセット。1種類につき25枚で、手帳に挟んで持ち運べる（本体価格￥750）。

ROOLS

(gnotes 10m／巻き)

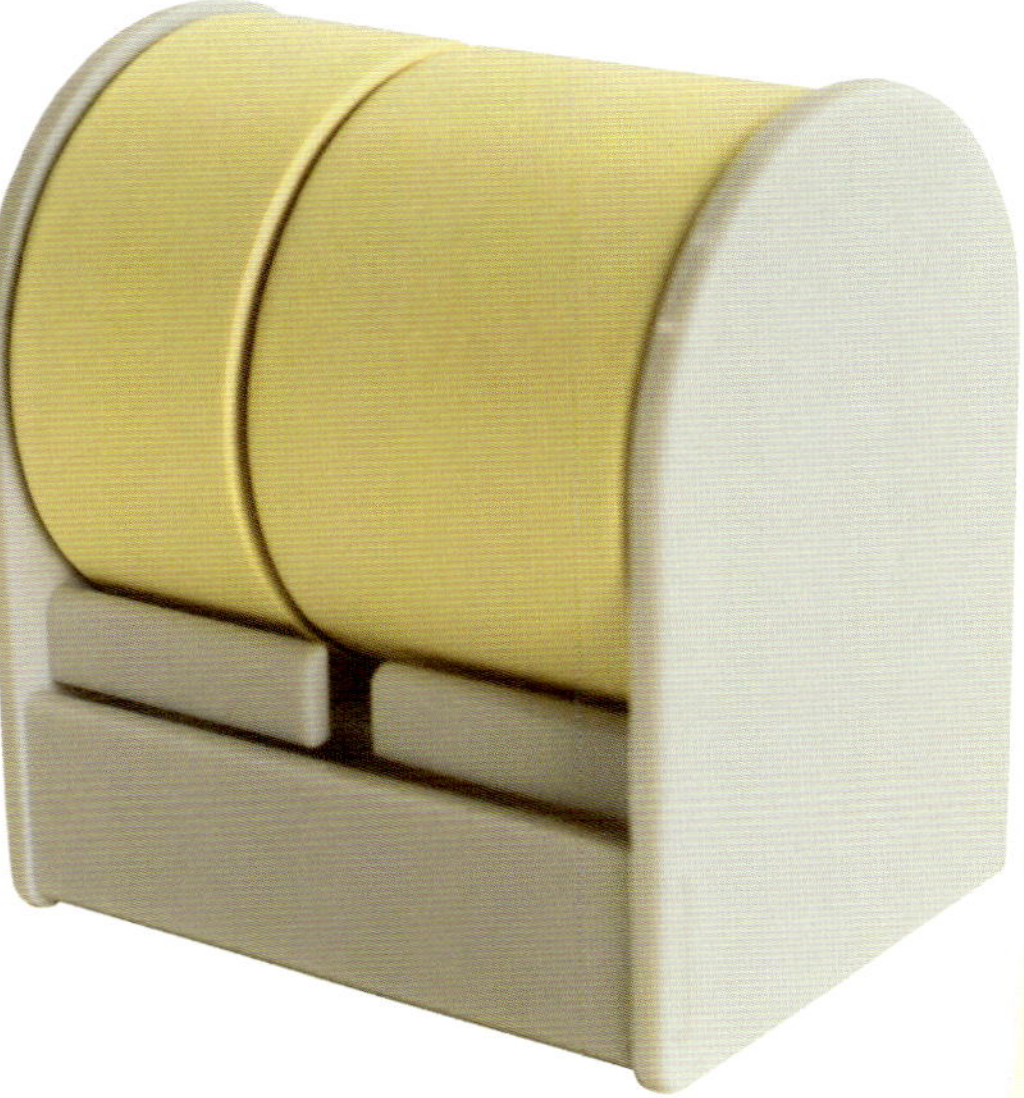

必要な長さのふせんを自由に作り出せる

ディスペンサーにセットされたロール型のふせんを、必要な長さだけ切り取れる「ROLLS」。カラーバリエーションが11色と豊富なうえ、食品衛生法の基準を満たしたのりが全面に塗られているので、ラベルとしても使用できる用途の広さがポイント。ロールの幅は20㎜、30㎜、50㎜の3種類あり、20㎜と30㎜のロールは一緒にディスペンサーにセットできる。ディスペンサー付商品は、50㎜幅が本体価格￥450、20㎜幅×30㎜幅が本体価格￥470。交換用のロールは50㎜幅が本体価格￥330、20㎜幅×30㎜幅が本体価格￥380（販売：プリントインフォームジャパン株式会社）。

［使い方］

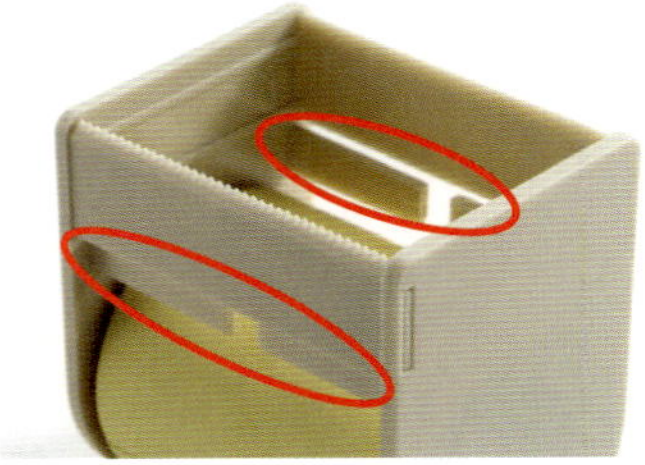

❶ ディスペンサーのカッター刃（波型と直線）の好きな方を選ぶ。

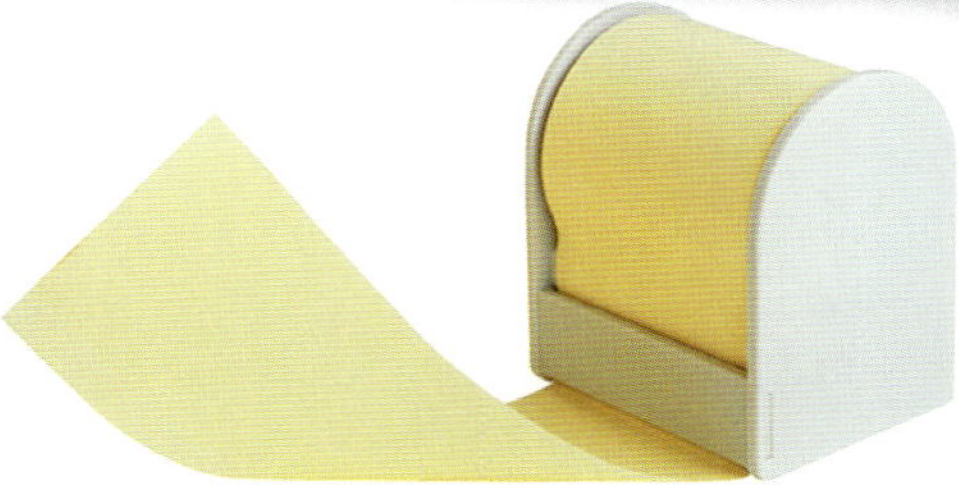

❷ ロールの端を巻き込み防止板（❶の赤丸部分）の間をくぐらせる。

❸ ディスペンサーの側面を押さえてロールを固定し、必要な長さだけ切り取る。

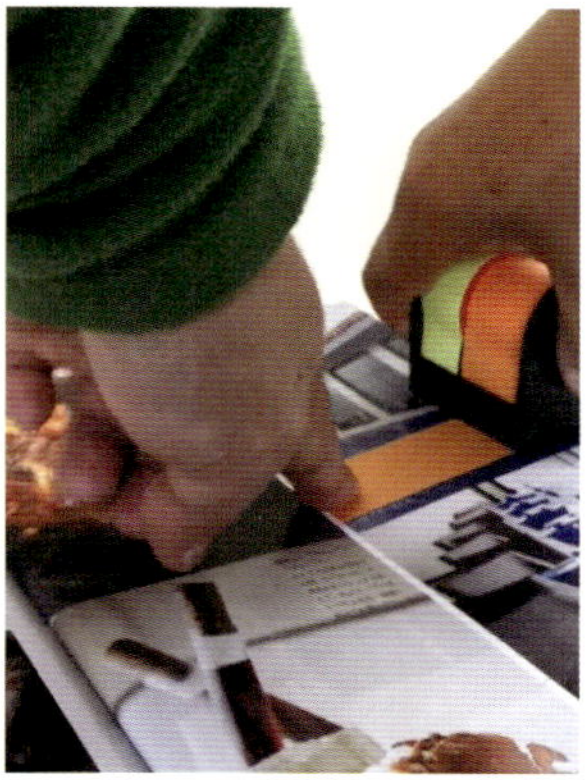

使いたい場所にそのまま貼り付け、定規を使わずに必要な長さ分をぴったり切り取ることができるのが魅力。

ウラ技

紙が強いため、シール類の台紙に使うことも可能。特に「ROLLS」はロール型なので、一度に大量のシールを携帯することができる(ただし、粘着性が高いシールには向かない)。

ダンボール箱などにメモが貼れる

タブレットのディスプレイにメモが貼れる!

ビンのような曲面にもぴったりフィット!

クリアファイルのラベルや封印にも使える!

傷をつけずにパンチ穴で書類が整理できる!

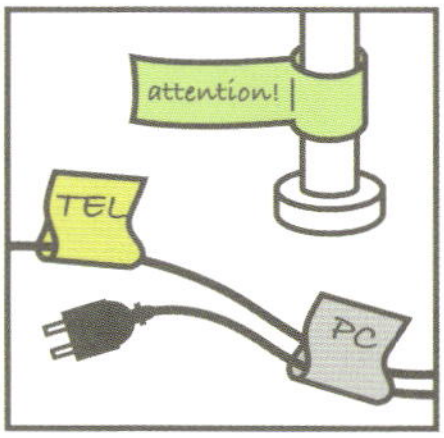

パイプやケーブルにもメモを付けられる!

安全なので食材にも直接メモが貼れる!

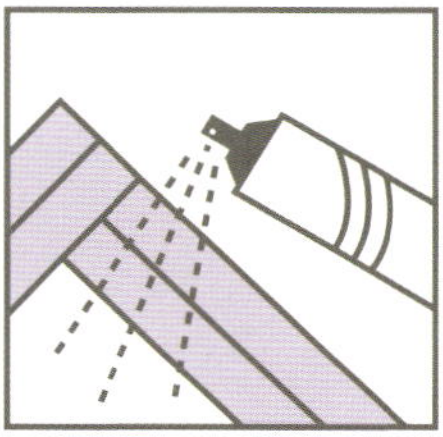

マスキングテープの代わりにも使える!

スゴ技ふせん大集合

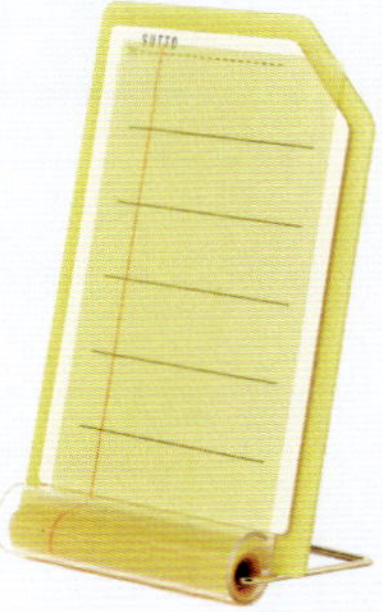

スット

デスクに"スッと"立つふせん。

詳細 P100

イケメン付箋

イケメンが伝言してくれるふせん。

詳細 P99

ココサス

セパレートタイプのふせん。

詳細 P98

TAKLKING MEMO

吹き出し型をしたふせん。

詳細 P104

スマホにふせん

スマホに貼れるふせんセット。

詳細 P103

Schedule Marker

アクセントに使える小型ふせん。

詳細 P102

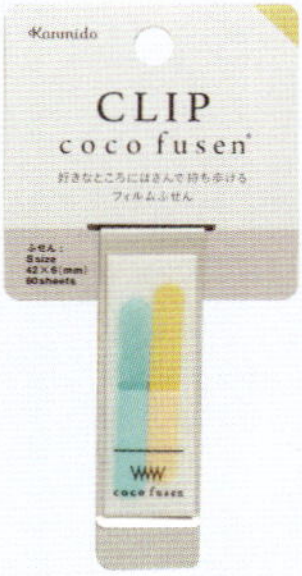

クリップココフセン

"クリップ"して持ち歩けるふせん。

詳細 P101

第1章

ふせんノートの
ここがすごい！

Method

1 あなたは手帳を使いこなせていますか？

◎ ノート・手帳を活用できなければあなたの潜在能力は眠ったまま

あなたは、手帳やノートをフルに活用して、思い通りの人生を送っていますか？

「そんなバカな！」と思われるかもしれませんが、手帳やノートは身の回りのあらゆる悩みを解決してくれる魔法の道具です。

ところが**意外なことに多くの人がノートや手帳をうまく使いこなせていません**。スマホやタブレットに至っては、とっさにメモすることができませんし、一覧して見渡すことも難しいので、後述するようにメモとしては意外なほど使えません。

少しでも気になる方は、次のチェックリストを試してみてください。もし6個以上にチェックがついたとしたら、今のあなたはノートや手帳を使いこなせていないことになります。悩みを解決して思い通りの人生を送りたいのであれば、今すぐノートや手帳を見直すべきです。

その際に私がおすすめしたいのが「ふせんノート」です。「ふせんノート」とは聞きなれない言葉かもしれませんが、ひらめきや気になる情報、備忘録等を「ふせん」にメモして、それを「ノート」に貼るだけのシンプルなノートです。市販のふせんと大学ノートさえあれば誰でも今すぐ作れます。

ふせんノートが1冊あれば不思議なくらい悩みが解消し、人生が思い通りにはかどり始めます。なぜなら、ふせんノートは、パソコンなどのデジタル機器の長所とアナログの代表選手「紙」の長所とを併せもった万能のツールだからです。

チェックリスト

★６個以上にチェックがついている人は、ノートや手帳を使いこなせていません。

□せっかく思いついたことをメモする前に忘れてしまう

□お目当てのメモをすぐに見つけられない

□スケジュール管理やタスク管理が苦手

□ノートや手帳の書き方や密度にムラがある

□仕事の悩みが思うように解決できていない

□お金の悩みもなかなか解決できていない

□人間関係は必ずしも円滑とはいえない

□将来への不安がなかなか解消できない

□アイデアが思うように生まれてこない

□気付いたことを仕事やプライベートで活かせていない

Method

2

メモにとって一番大切な役目が何か知っていますか？

◎ これまでのノート術がずっと実現できなかった3つの役目

世の中には星の数ほどの「ノート術」「手帳術」があふれています。それなのに、自分にぴったりのメソッドを見つけられずにさまよい続ける「ノート術ジプシー」があとを絶ちません。その最大の原因は、これまでに存在したノート術や手帳術に致命的な欠陥があったからです。

誤解を恐れずに言うと、これまでのノート術は、「メモにとって一番大切な役目」を果たすことができていなかったのです。そこでここでは、メモに求められる3つの役目についてお話しします。

まず1つ目は、**「ひらめきや情報を一瞬で簡単にメモできること（即メモ）」**です。思いついた時は、「こんなに大切なことを忘れるわけがない」と思うのですが、メモしなければ5分後には忘れます。だから、とっさにメモできる「迅速性」と、いつでもどこでもメモができる「携帯性」とが必須なのです。

2つ目は**「メモしたことを、あとから一発で簡単に探し出せること（一発検索）」**です。せっかくのメモが迷子になって見つからなくなっては大変です。そこですべてのメモを1カ所に集めて（ワンポケット）迷子を防ぎます。その上でA3判のような広い紙面にメモを並べて大量の情報をまとめて見られる（一覧性）ようにできれば完璧《かんぺき》です。

3つ目は**「メモを自由自在に活用できること（有効活用）」**。パソコンで編集する文章やエクセルのようにコピー&ペーストをして順番を入れ替えたり、メモを並べ替えながら組み合わせを変えられたりできなければ、新しいアイデアを生み出すこともできません。だから、例えアナログのメモであったとしても、デジタルのような大胆な自由度を備えていなければ、価値がないのです。

メモの大切な役割

〈即メモ〉
気付きやひらめき、
そして大切な情報を、
一瞬で簡単に
メモできること

〈一発検索〉
メモしたことを、
あとから一発で簡単に
探し出せること

〈有効活用〉
メモを
自由自在に
有効活用できること

Method

3

便利なはずの手帳があなたを拘束する手錠に

◎ 使えない「手帳」はあなたを拘束する「手錠」でしかない

前項では、「メモにとって一番大切な3つの役目」についてお話ししましたが、察しのいい方でしたらその3つの役目をすべて同時に満たすノートや手帳なんてあるわけがない、とお気付きかと思います。

例えばノートですが、多くの方がＢ５サイズの大学ノートを使っています。見開きでＢ４サイズですから一覧性はありますが、その大きさ故に、いつでもどこでも肌身離さず持ち歩くということができません。

また、普通は前のページから順番にノート紙面を埋めていきますが、デジタルデータと違って、一度書いた文字情報をコピー&ペーストして並べ替えて有効活用する、という芸当もできません。

手帳の場合は、持ち運びしやすいようにコンパクトなものが主流ですが、携帯性と引き換えに一覧性が犠牲《ぎせい》になります。

一覧しやすい大きな手帳もありますが、かさばって重いので、逆に携帯性が犠牲になります。

さらに**手帳は、必ずフォーマットが決まっていて**、数種類のカレンダーと、アドレス帳やメモ帳、地図などが当たり前のように印刷されています。その結果、**自由度が低くなり、思うように使いこなすことが難しいのが現実**です。結果的に、あなたが手帳を選んだ瞬間に、その手帳はあなたを1年間拘束し続ける手錠になるわけです。でも手錠は窮屈《きゅうくつ》なので大半の人が耐えられなくなって外すか緩めることになります。つまり、最後まで手帳を使いこなすことができず、その年を終えることになるのです。

手帳が手錠になる3つのデメリット

手帳オリジナルのフォーマットが最初から一方的に決められて印刷されているので、カレンダーページなど、小さな欄に小さな文字で無理やり詰め込んでメモしなければならない。

持ち運びしやすいようにコンパクトに作られているが、年齢早見表や路線図など、スマートフォンの検索で代用できる機能が搭載されているため、メモに使用できるページ数が少ない。

たくさん書き込みができるように大きめに作られている手帳は、それ自体が重いために手に持ってメモをする時に使いづらいうえ、カバンの中でかさばって出し入れに不自由する。

Method 4

解決策はたった1つだけ、ふせんノート術を使うこと

◎ふせんノート術はシンプルでとっても簡単

ふせんノートとは「ふせん」にメモして「ノート」に貼るだけのシンプルなノートだとお話ししました。ふせんノート術にとってノートとは、メモ済みふせんを貼るための「台紙」にすぎないのです。

そして実は、前項でお話しした**「メモにとって一番大切な3つの役目」をすべて満たすメモ術・手帳術・ノート術こそが、ふせんノート術**なのです。これまでの手帳術やノート術のあらゆる欠点をカバーする唯一のメソッド、それがふせんノート術です。

のちほどお話しするように、ふせんノート術はアナログとデジタルのよさを両方兼ね備えているのですが、そのおかげで夢のような芸当が実現しました。

ふせんはポケット手帳よりも小さくて、かさばらないので**携帯性に優れています**。しかも、メモ面が露出しているので「ひらめいた時」「とっさに書きたい時」に**すかさず書き込めます**(迅速性)。

メモ済みふせんをあとから紙面の大きな大学ノートに貼り付けるので、**たくさんの情報を一度に一覧できます**。しかも、ふせんのメモはすべて1冊のノートに集まるので、**メモが迷子になることもありません**。極めつけは**デジタルのような自由度と有効活用度の高さ**です。ふせんはデジタルツールのように自由自在に並べ替えできるので、のちほど紹介するふせんマップ三兄弟のように、ひらめきや有効情報を組み合わせながらアイデアを膨らませていって、それを簡単にレポートにまとめることができるようになります。好きなだけ使い倒せるのです。

そんな凄技《すごわざ》を操れるようになるのに、必要なのは大学ノートと大きめのふせんだけ。それだけで誰でも簡単にできてしまう。だから長続きします。

道具である手帳に「使われる」原因

❶ 使いこなすためのルールが厳格すぎる

天才や秀才が考案した手帳術を反映した手帳は、使いこなせれば仕事の効率アップは間違いないが、利用方法が厳格すぎて凡人には守るのが難しすぎる。

❷ メモのとり方は百人百様

人にはそれぞれ自分好みのメモのとり方があるため、非凡な才能を持っている人間だとしても、天才や秀才が考案した手帳術が必ずしも適するわけではない。

**強い信条や目的意識がないと
手帳を使うこと自体が目的化する**

**凡人が継続するためには
毎日続けられる簡単な手帳術が必要！**

Method

5 ふせんノートのここがすごい

◎ふせんノートの最大の利点は そのハードルの低さにある

誰でも簡単に、①一瞬でメモできて、②そのメモをあとから一発で探し出せて、③自由自在に活用できること。この3つを同時に満たす方法はふせんノート術だけですが、「ふせんに書いて台紙に貼る」という仕組みさえ崩さなければ、あとは自由自在です。

そこで私は、台紙としてA4判の大学ノートを選びました。A4ノートは見開きA3判なので、大量の情報をひと目で一覧できます。しかも、ビジネス書類の世界標準はA4判ですので、台紙としてのノートもA4判に統一した方が何かと都合がよいのです。

メモを書くふせんも、少し大きめで粘着面の広いふせんであれば、どれでも構いません。私の場合には、粘着面が広くて剥がれにくいgnotes hachimaruやgnotes POWERSを愛用しています。gnotesは世界第2位のふせんメーカーの商品ですが、ホルムアルデヒドを含まない食品衛生法の基準を満たした水溶性粘着材を使用しているので、とても安心です。

白紙のふせんは使いみちが自由なので、頭に浮かんだことを何も考えずにそのまま書いて見える化するだけです。書いたことがTo Do（やらなければいけないこと）だったら、書いたあとにTo Doの目印になる□を末尾か文頭につけます。書く内容は、ひらめきでも妄想でも感情でも何でも構いません。

ふせんに何か書く際には「キレイに書こう」とか「表現を吟味しよう」などと考える人はいません。**深く考えずに思いついたとおりにストレートに走り書きする。それくらい「ハードルが低い」のがふせんの特徴**です。ハードルが低いから長続きします。

ノートのメーカーは自由。ただしA4サイズがふせんノートにはベスト

1 メモの役割（P22）をすべて満たす

ふせんは白紙なので文字だけでなく絵も描ける。

2 書いてノートに貼るだけなのでシンプル

ルールがシンプルなので継続しやすい。

3 書き損じてもすぐに捨てられて便利

消しゴムや修正液を使う必要がない。

4 意外にもコストパフォーマンスがよい

ノート代とふせん代を合わせてもコーヒー一杯ぐらい。

ひらめきが生まれる仕組み

人間の脳の9割強は「無意識の領域」。考えたあと、しばらく経ってから、「ひらめき」という回答が、「無意識」からはきだされ、あっという間に消えていく。

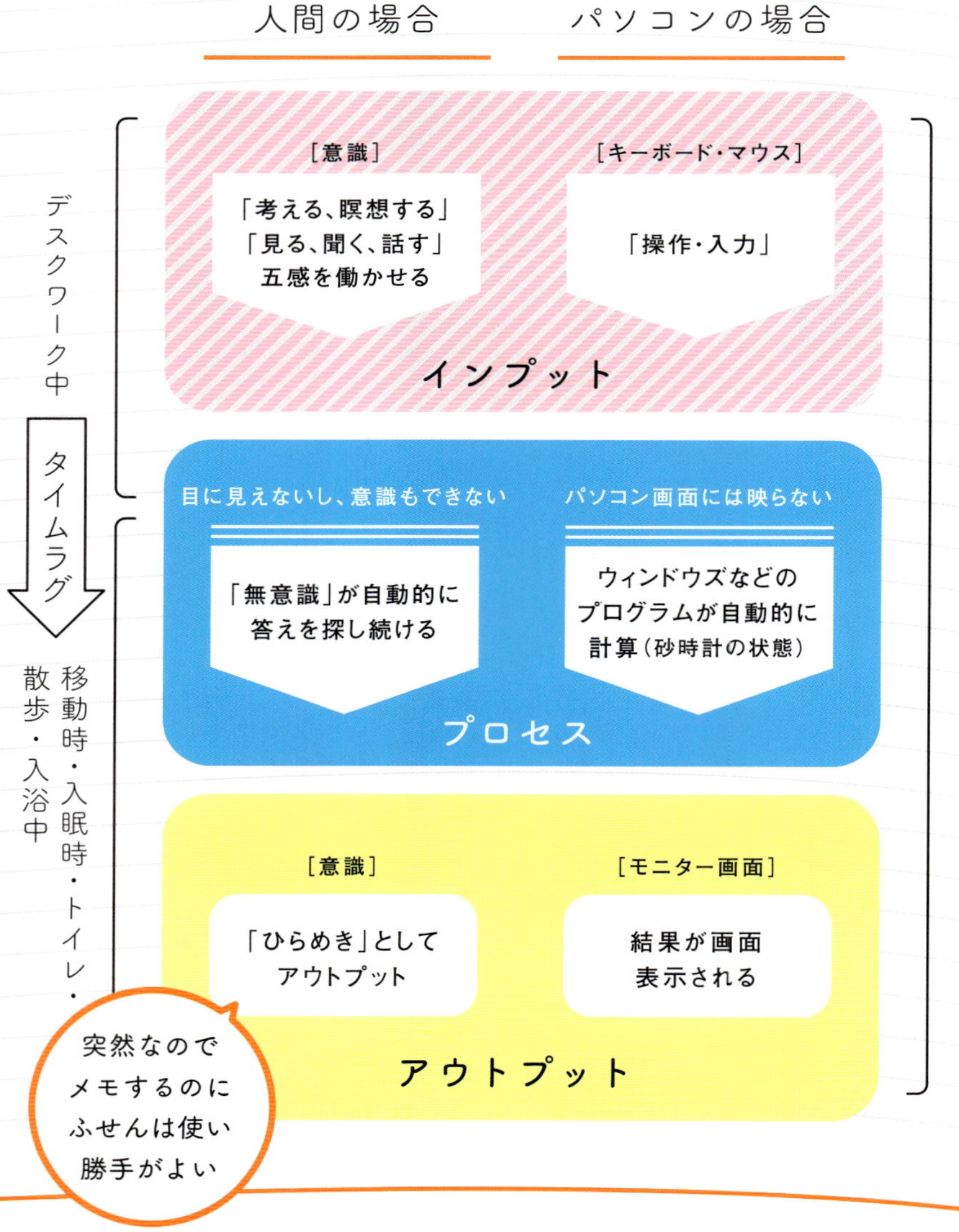
人間の場合
パソコンの場合
[意識]
「考える、瞑想する」
「見る、聞く、話す」
五感を働かせる
[キーボード・マウス]
「操作・入力」
インプット
目に見えないし、意識もできない
「無意識」が自動的に
答えを探し続ける
パソコン画面には映らない
ウィンドウズなどの
プログラムが自動的に
計算（砂時計の状態）
プロセス
[意識]
「ひらめき」として
アウトプット
[モニター画面]
結果が画面
表示される
アウトプット
デスクワーク中
タイムラグ
移動時・入眠時・トイレ・
散歩・入浴中
デスクワーク中
突然なので
メモするのに
ふせんは使い
勝手がよい

第2章

ふせんノートの作り方

Method 1

ルールを知ってふせんノートを使いこなそう

◎情報を時系列順に貼って自動的にシンクロさせる！

ふせんノートは「飛行機を載せた空母」の仕組みによく似ています。空母の場合には飛行機が基地や空母から発進し、素早く任務を果たしたあとで、空母に戻ります。ふせんノートの場合もこれと同じで、持ち運びしやすい「ふせん」（飛行機）が、「ふせんカバー」（軽空母）やA4ノート（空母）から発進し、情報を素早く獲得（任務遂行）したあと、A4ノート（空母）に舞い戻る、というわけです。

そして肝心なのは、これだけでシンクロ（同期）が完璧《かんぺき》に行われるということ。従来の手帳や手帳術が「携帯可能な手帳を1冊だけ使う」ことにこだわってきたのは、この「シンクロ」という最重要課題をクリアできなかったから。外出用の携帯手帳と留守番用のデスクダイアリーに分けると、情報をシンクロできずに「ポケットが2つ」になって、情報が分散してしまうからなのです。それを防ぐためには、「手帳を1冊だけ」に絞って持ち歩くしかなかった。持ち歩くためには、どうしても小型化するしかありませんでした。

ふせんノートはひと味もふた味も違います。**「A4ノートの紙面上」で、「すべての情報」が、「時系列順」に、「ワンアクション」で、「自動的にシンクロされる仕組み」**。携帯用のふせんと留守番用のA4ノートとのコンビネーションにより、そんな仕組みを簡単に構築できて、しかも、それを無理なく継続できる。そして、「情報を載せたふせん」と「A4ノート紙面」とが物理的につながるので、ふせん上の情報を核にして、ノート紙面上にメモを追記していくことができます。**外出時の思考（＝ふせん上）と、デスクに戻ってからの思考（＝A4ノート上）とが、有機的につながっていく**というわけです。

従来のふせんとノートの使い方

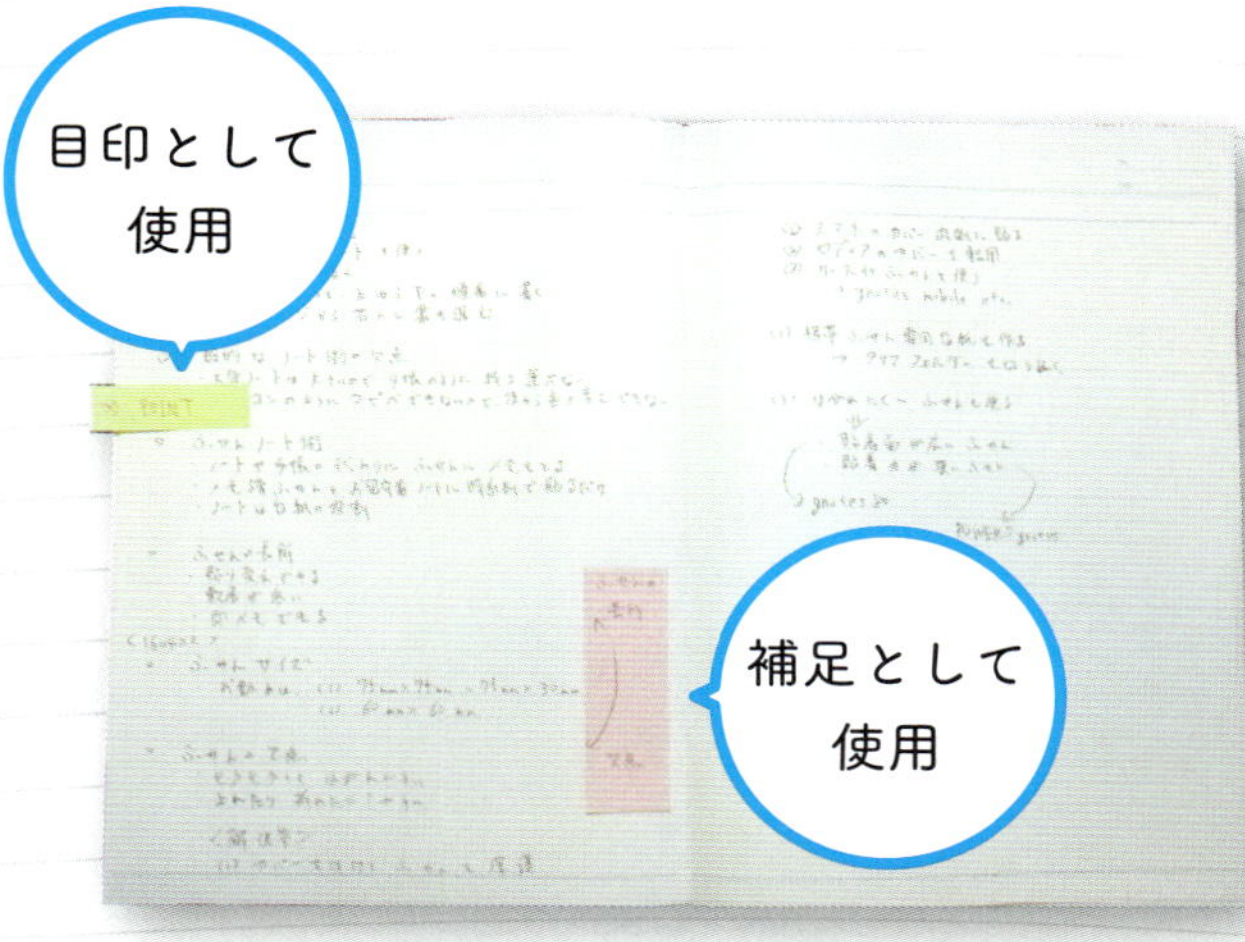

「ふせんノート」としてのふせんとノートの使い方

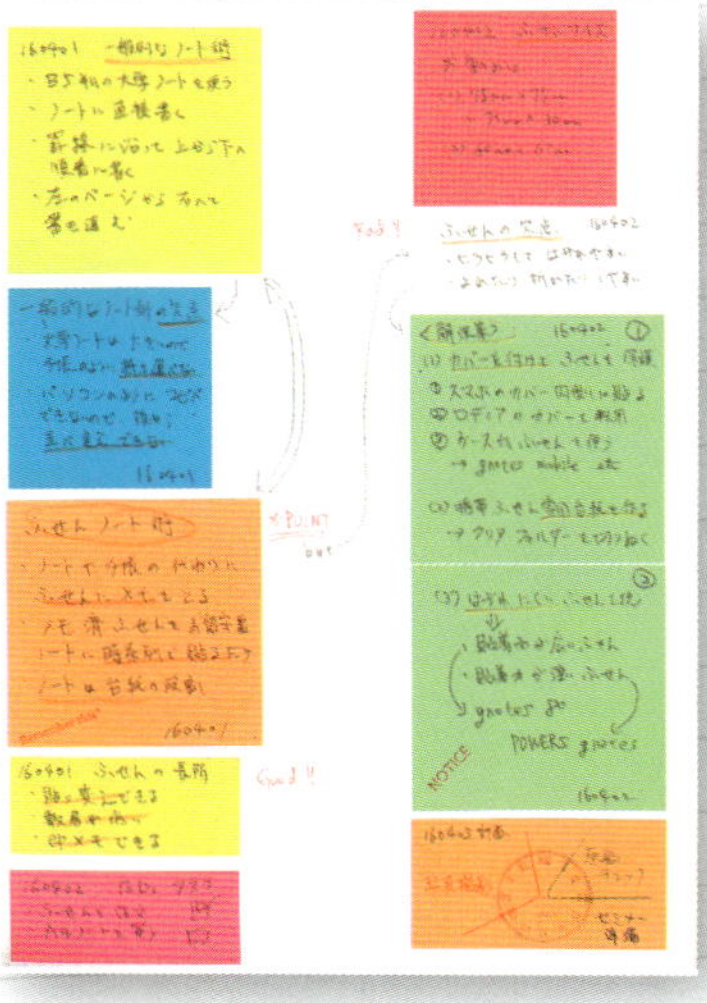

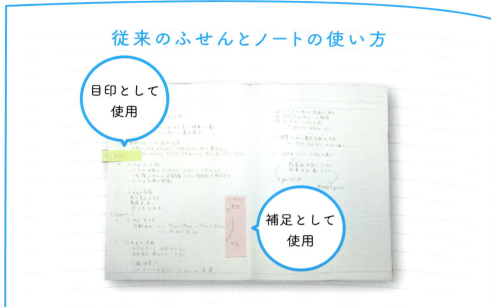

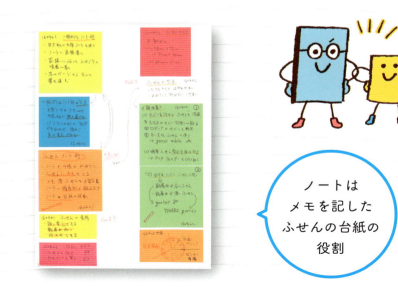

ふせんノートの基本ルール

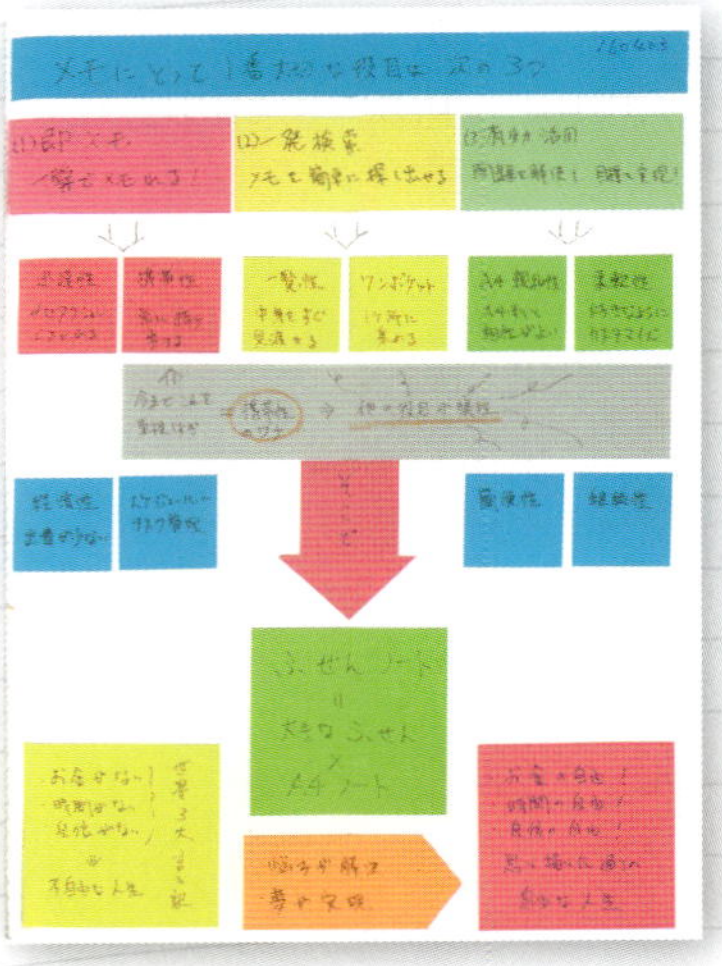

★ ノートには基本的に文字を書かない

メモはすべてふせんに書き、原則としてノートに直接記入しない。ただし、ふせんノートの用途によっては、日付や見出しなどの文字をノートに書いても大丈夫。

★ ただし、ノートに区分のラインを引くのはOK

ふせんに書いたメモの内容の重要度や優先度をはっきりと区別したい場合は、ふせんの色や大きさを変えるだけでなく、貼る場所をラインで分けてもよい。

POINT

使用ノートのサイズはコピー用紙で決める

ふせんノートに使用するノートのサイズは、一般的にオフィスで使用されているコピー用紙のサイズであるA4がベストだが、B5のコピー用紙を使用している場合は、B5でも大丈夫。

メモをノートに貼るならふせんでなくてもよいのでは？

★のりで貼る

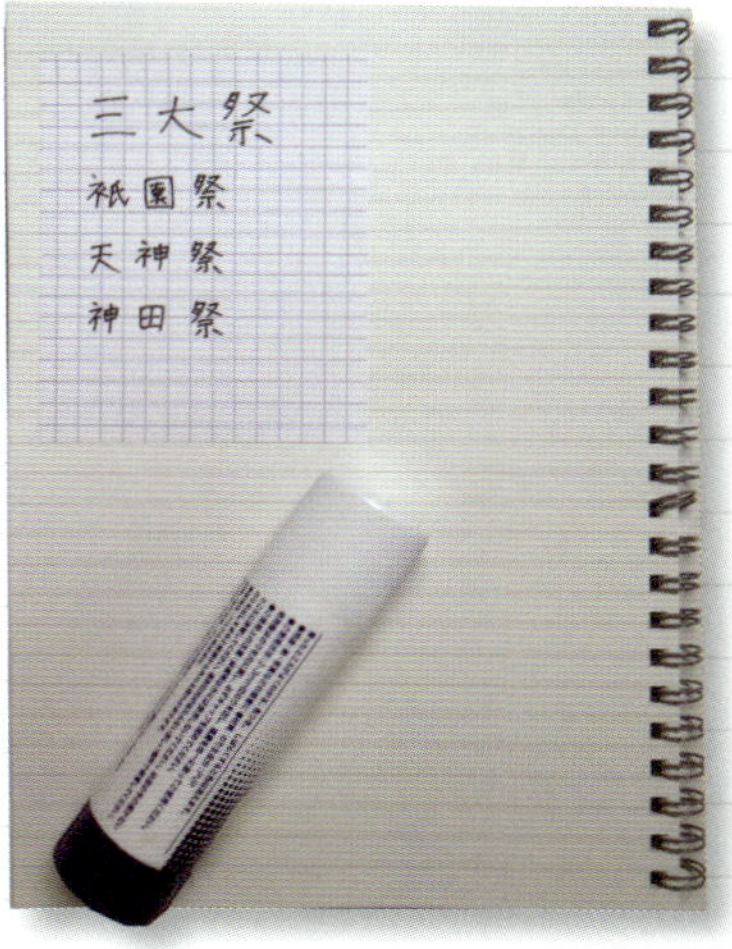

★ホッチキスで留める

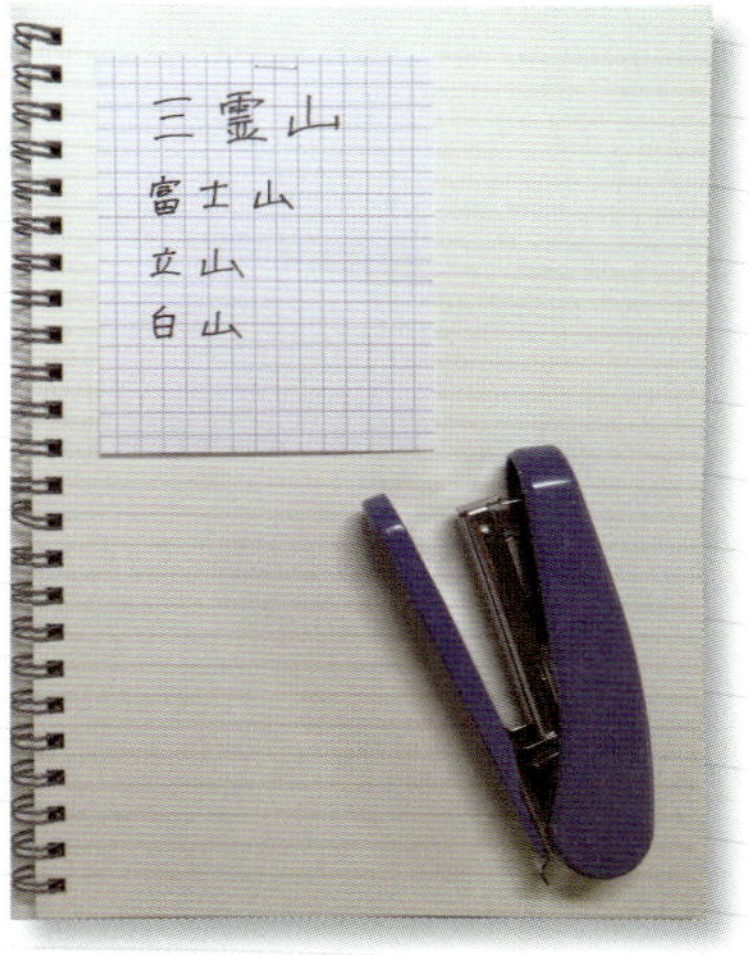

- ホッチキスやのりがないとまず貼れない！
- 貼るために必ず２つ以上のアクションが必要。
- 一度貼ってしまうと、ホッチキスは外すとノートに跡がつき、のりはノートを傷めてしまう。

ふせんは
ワンアクションで
ノートに貼れ、
ノートから
はがすのも簡単！

Method 2

ふせんノートはアナログとクラウドのいいとこ取り

◎クラウドをいいとこ取りしたアナログクラウドという発想

スマホの登場でネットが当たり前のように定着しました。EvernoteやGmail、ヤフーカレンダーのような「クラウド」仕様のツールはとてもよくできていて、私も手放せません。クラウド化すると全情報を1カ所にまとめられて、電波が届く限りどこからでもアクセスできます。すべての情報が1カ所に集まるので、情報が散り散りになってどこにあるか分からなくなることもありません。

クラウドには4つの長所があります。①サーバーにデータを集められるので情報が分散しない（ワンポケット）。②情報を持ち歩かないので情報の紛失リスクがない。③電波の届く限りいつでもデータにアクセス（ダウンロード・アップロード）できる。④複数のメンバーでデータを共有・加工できる。

このように考えると情報をすべて電子化する方がクラウドのよさを活かせて便利のように感じますが、電子端末はアナログの紙には敵いません。なぜなら、いつでもどこでも即メモできる魔法のようなスマホは、今の技術水準では「ありえない」からです。文字以外の情報の入力や、視覚的なイメージを「描く」となると、ほぼ不可能です。

そこで登場するのがふせんノート術です。ふせんもノートも紙ですが、先程のクラウドの利点の大半を満たしているからです。ふせんノートでは①ノート上に**全情報がワンポケット化**されます。②**持ち歩くのは白紙のふせんだけ**なので紛失リスクもありません。しかも、③**外出時の情報を全てノートにアップロード**することができます。④の情報共有は、個人の手帳・ノートでは必要ありません。

このように、ふせんノートではクラウドの利点とアナログの利点をすべていいとこ取りできるのです。

クラウドの長所

1. サーバーにデータを集められるので、情報がバラバラに分散しない（ワンポケット）。
2. サーバーにデータを置くことで情報を持ち歩く必要がなく、情報の紛失リスクがない。
3. 電波の届く限り、いつでもサーバー上のデータベースにアクセス（ダウンロード・アップロード）できる。
4. 複数のメンバーで、そのデータを共有・加工できる。

デメリット

- 情報漏洩の危険性がゼロではない。
- コストがかかる。

ふせんノートの長所

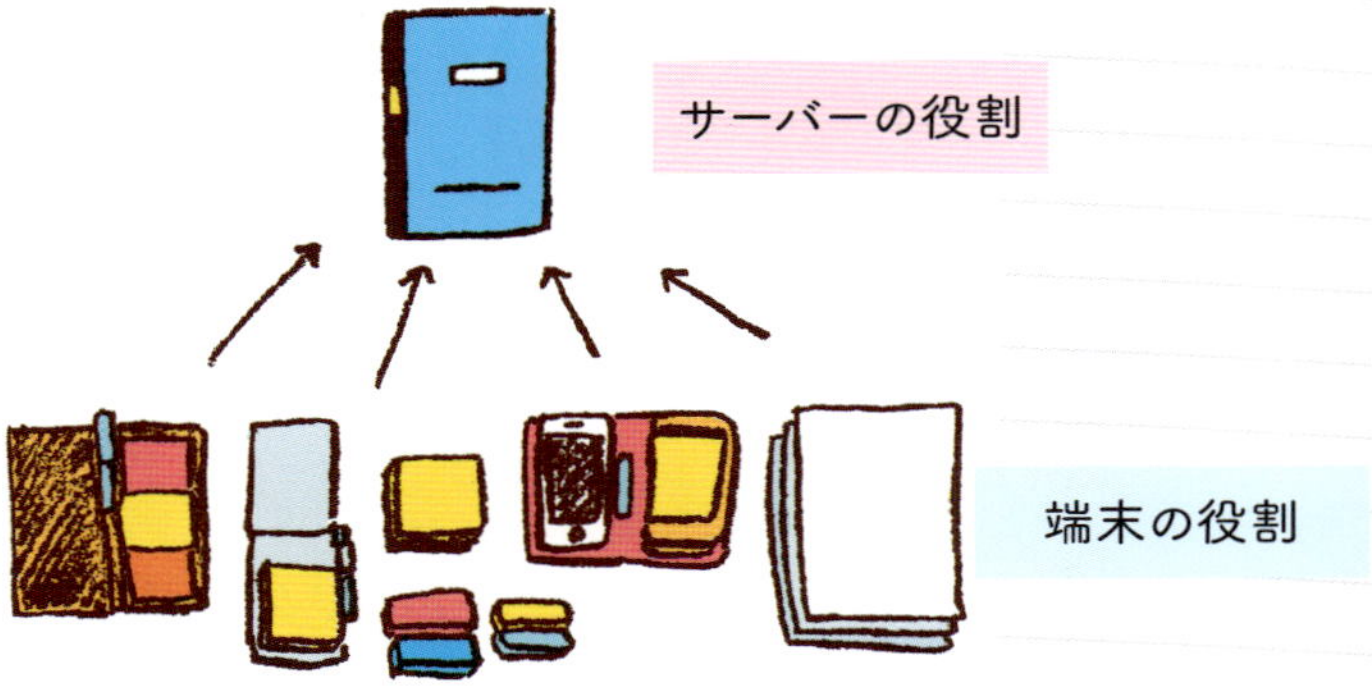

❶ サーバーとしてのA４ノートに全情報を集約する仕組みになっていて、情報が分散しない。

❷ 大きなふせんを手帳代わりに持ち歩くので、情報を持ち出す必要がない。

❸ 外出先でふせんに書いた情報をノートに貼り付け（アップロード）できる。

❹ 個人の手帳では、内容を他人と共有する必要がないので、共有機能は不要。

デジタルよりやっぱりアナログ

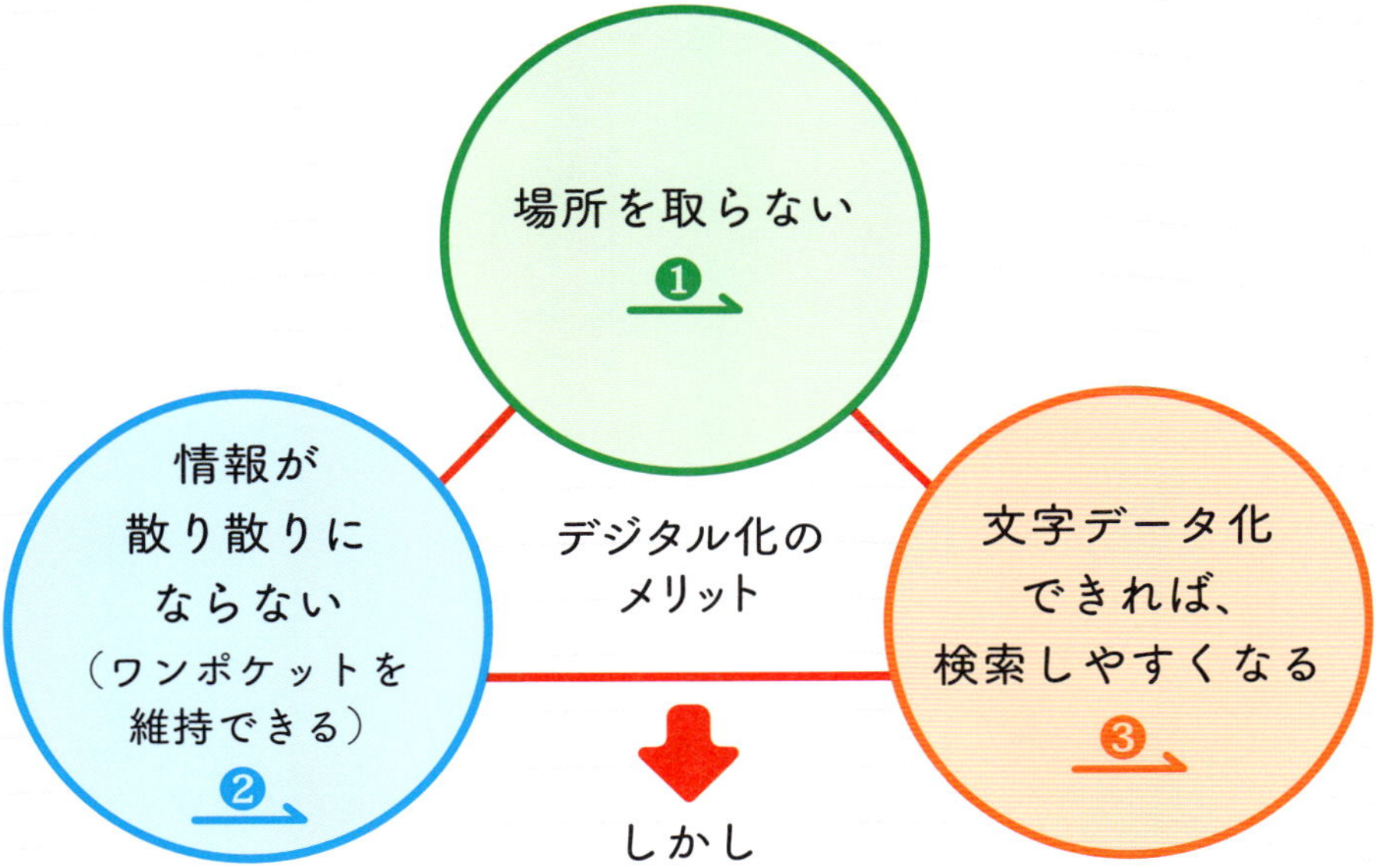

しかし
紙でも十分対応可能

ふせんノートなら

❶ A4ノートなら年間2、3冊分しか場所をとらない。

❷ ワンポケット化されたふせんノートは情報が散り散りにならない。

❸ オレンジ色のダーマトグラフ（カラーペンでも可）でキーワードに線を引いてマーキングする「アナログ頭出し機能」で紙をパラパラめくれば情報をすぐ見つけられる。しかも、正確な検索キーワードを知らなくてもファジーに検索できる。

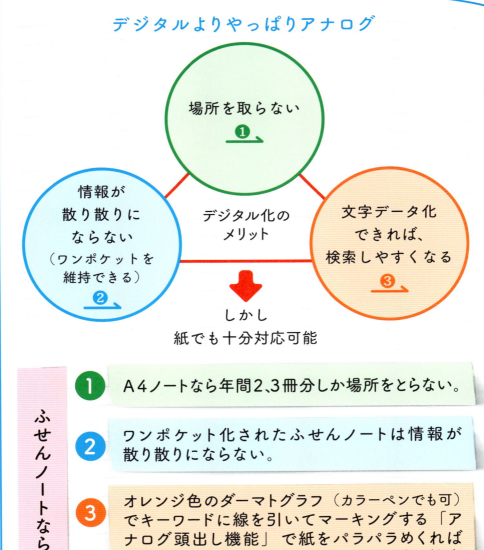

Method

3

携帯するのはふせんだけ ノートはお留守番

◎ 常に持ち歩くふせんにはカバーをつけよう

「ひらめき」は時と場所を選ばずに前触れなく突如として舞い降ります。だから、とっさにメモできるように、ふせんを常に携帯していなければなりません。そこで必須になるのが専用カバーです。**ふせんは角がよれたり折れ曲がったりしやすいので、必ずカバーを用意してください**。

おすすめはスマホ用のカバーです。携帯電話の主流はスマホですが、多くの人が手帳型の保護カバーを使っています。その内側にふせんをまとめ貼りするだけで即席ふせんカバーが完成します。

私は、京都の革工房ＡＳＨ Ｘ ＫＹＯＴＯさんにスマホ用ふせんカバーを作って頂きました。次のページの写真のように、右開きなのでメモを書く時にスマホが邪魔になりませんし、ペンホルダー付きなのでいつでも即メモできます。専用の台紙にふせんをまとめ貼りできるのではがれませんし、メモしたあとは台紙の裏側に貼り替えてストックできます。ポケットが3つあるので、家の鍵やスイカなどのＩＣカードも収納できます。

スマホユーザーでない方には、ロディアメモ帳用のカバーがお勧めです。ロディア・ブロックNo.11用のカバーでしたら75㎜四方のふせんがピッタリ納まります。その際、ふせんが落ちないように、クリアファイルを切り抜いて台紙として使うことをおすすめします。また、トラベラーズノートを愛用している方も同じようにクリアファイル等を切り抜いて台紙にするとよいでしょう。

超整理手帳ユーザーやシステム手帳ユーザの方は裏側のビニールや仕切り板に直貼りして構いません。また、粘着面が広い強粘着ふせん紙〝POWERS〟の10個セット「ふせんの手帖」もおすすめです。

スマホカバー×ふせん

スマホの画面を保護できる手帳型のカバーは、そのままふせんカバーに流用可能。写真上はふせんを携帯するために開発されたASH X KYOTOが製造しているふせん台紙付きのスマホカバー。

POINT

クリアファイルをふせんの台紙に

手帳タイプのスマホカバーを使用する場合、革の部分にふせんを貼り付けるとはがれやすいという難点は、クリアファイルを台紙に使うと解消する(→P43参照)。

ロディアメモ帳カバー×ふせん

メモしたふせんを一時的に保管する。
未使用のふせんは下に貼っておく。

写真はロディア・ブロックNo.11(7.4cm×11.5cm)を使用。

「超」整理手帳×ふせん

No.8カバーの場合にもP41で紹介したロディアメモ帳カバーと同じく、ふせんがくっつきにくいため、クリアファイルを80mm×210mmのサイズに切り取って台紙にするとよい。

＼ POINT ／

ロディアメモ帳カバーのロング判も便利

ロディアメモ帳カバーには、P41で取り上げたNo.11だけでなく、「超」整理手帳とほぼ同じサイズのNo.8用カバー（90mm×220mm）がある。

ふせんを
複数種類貼れるうえ、
蛇腹折りすれば
A4サイズの書類も
収納可能！

トラベラーズノート×ふせん

トラベラーズノートにセットしたリフィルと、同じサイズに切ったクリアファイルをふせん用の台紙として用意する。

リフィルと切ったクリアファイルの折山の部分を背中合わせにして、連結バンドで双方を結束させる。

クリアファイルの加工方法

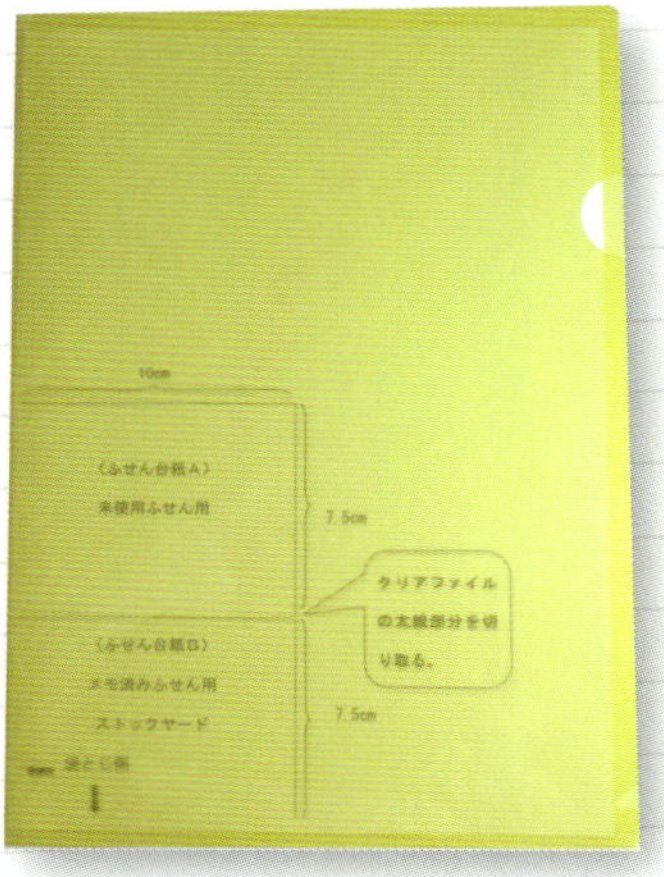

手順❶　ジョッタに使用するアイテムの寸法に合わせた型紙を用意する。

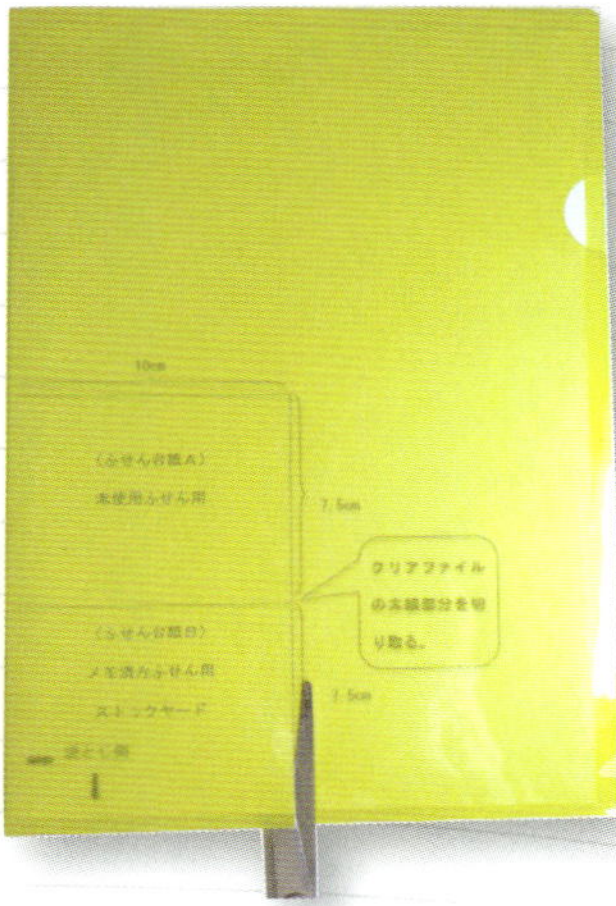

手順❷　中に挟み込んだ型紙の線に沿って、クリアファイルを切っていく。

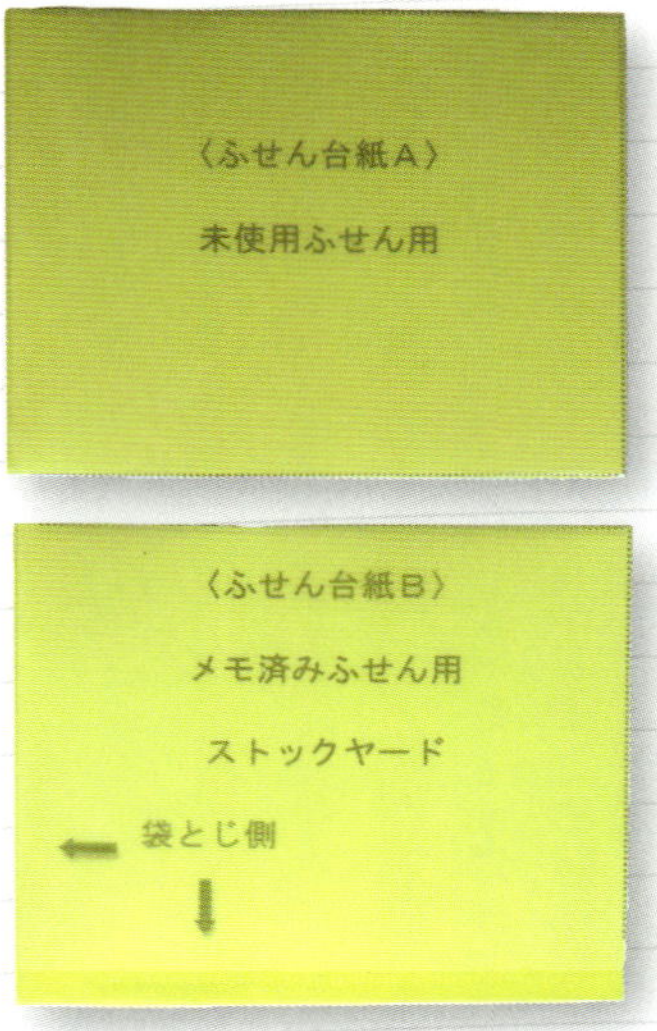

手順❸　注意する点は、クリアファイルの袋とじ側を切っていくこと。

手順❹　切り落としたクリアファイルのパーツを使用するツールに装着する。

Method 4

ひらめきを絶対逃がさない！「どこでもジョッタ」

◎とっさにメモできるように あらゆる場所にふせんを常備

即メモできるメモといえば「ジョッタ」です。メモ面が露出したメモツールで、ノーアクションで即メモできる構造になっています。

ノートや手帳に書く時には、ページを探して開くというワンアクションがつきまといます。このワンアクションの差は意外と効いてきます。

とっさの時には机やテーブルに置いてある紙切れに走り書き。誰にでもある経験です。そんな時は、わざわざメモ帳やノートを探して開いたりはしません。ましてやスマホやパソコンなんて絶対に使いません。即メモできる状態で紙面が露出している紙がいかに重宝するかという典型例です。

紙面が露出している「ジョッタ」は机の上に無造作に置かれた「紙切れ」と同じ機能を発揮します。

そして、ジョッタと同じ威力を持ったメモツールがもう1つあります。それがふせんです。メモ面が露出しているふせんもジョッタ同様即メモできます。どこでも構いません。**ひらめきが浮かぶ可能性があるすべての場所にふせんをまとめ貼りしておく**。それだけで、その場所が即席ジョッタに変身します。

そこで私は、ふせんを机の上にまとめ貼りしています。机にしっかり固定されるので書く時もズレません。片手で受話器を持って片手で書いても大丈夫。どこにでも貼れるふせんは、「どこでもジョッタ」製造機というわけです。冷蔵庫、トイレの扉、クリップボードなど、お好みで色々試してみてください。

ちなみに、**常備する場所毎にふせんの色を変えると重宝します**。机上はピンク、寝室は緑、トイレは水色のように分けると、どこでメモしたのかをあとで思い出せるからです。その時の場面や経緯を同時に思い出せるので、思考の整理に大いに役立ちます。

ふせんノート術から生まれた!!

お金の不安が消えるメソッドを学べる勉強会に半額でご招待

【勉強会で得られる価値】
(1)日本と世界の金融商品の実情と裏側が分かる
(2)ベストな自分保険を組み立てられる
(3)右下の本の共著者によるコンサルティングが無料
※ご夫婦参加の場合には1名様を無料でご招待

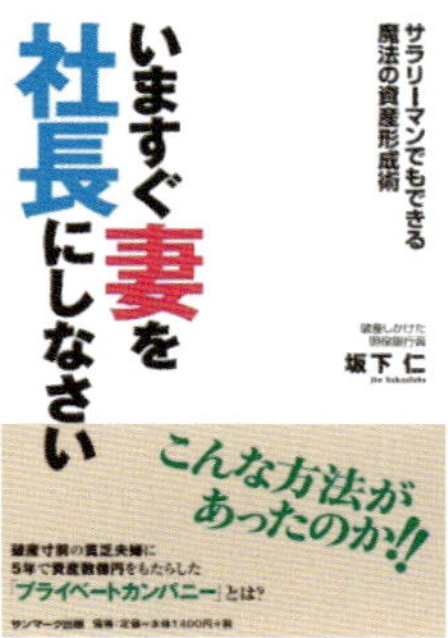

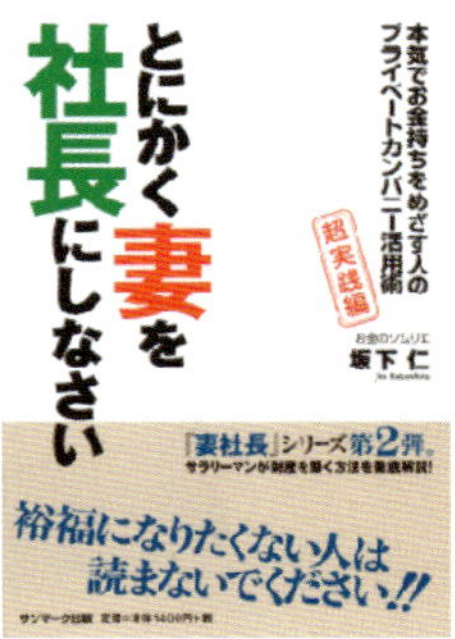

【講師】坂下仁、宮大元　【会場】都内および関西地区ほか
【日時】土日の夕方(公式サイトでご案内します)
【お申込み・お問い合わせ】お申し込みやお問い合わせは、フォレスト出版ではなく、次の坂下仁公式サイト所定フォームからお願い致します。
http://moneysommelier.com

【注意事項】
・当勉強会では、投資信託や保険、その他金融商品の勧誘・斡旋・販売等は一切行ってません。
・メガバンクグループ関係者・元従業員の参加をご遠慮いただいています。

著者からのプレゼント

※いずれもH29年6月末までの期間限定

お蔵入りとなった幻の原稿PDFを進呈

インスタグラムやフェイスブック・ブログ、楽天ブックスやamazonで本書のご感想をご紹介くださった方全員

※PDFファイルはサイト上で公開するものであり、冊子などをお送りするものではありません。

gnotes MOBILE　5個セット進呈

上記ご感想の中で著者が特に参考になったと感じた方には、非売品のカバー付ふせんを進呈（50名様限定）

【お申込み・お問い合わせ】
プレゼントお申し込みやお問い合わせは、フォレスト出版ではなく、坂下仁公式サイト所定フォームからお願い致します。

http://moneysommelier.com/

LED「夢パッド」

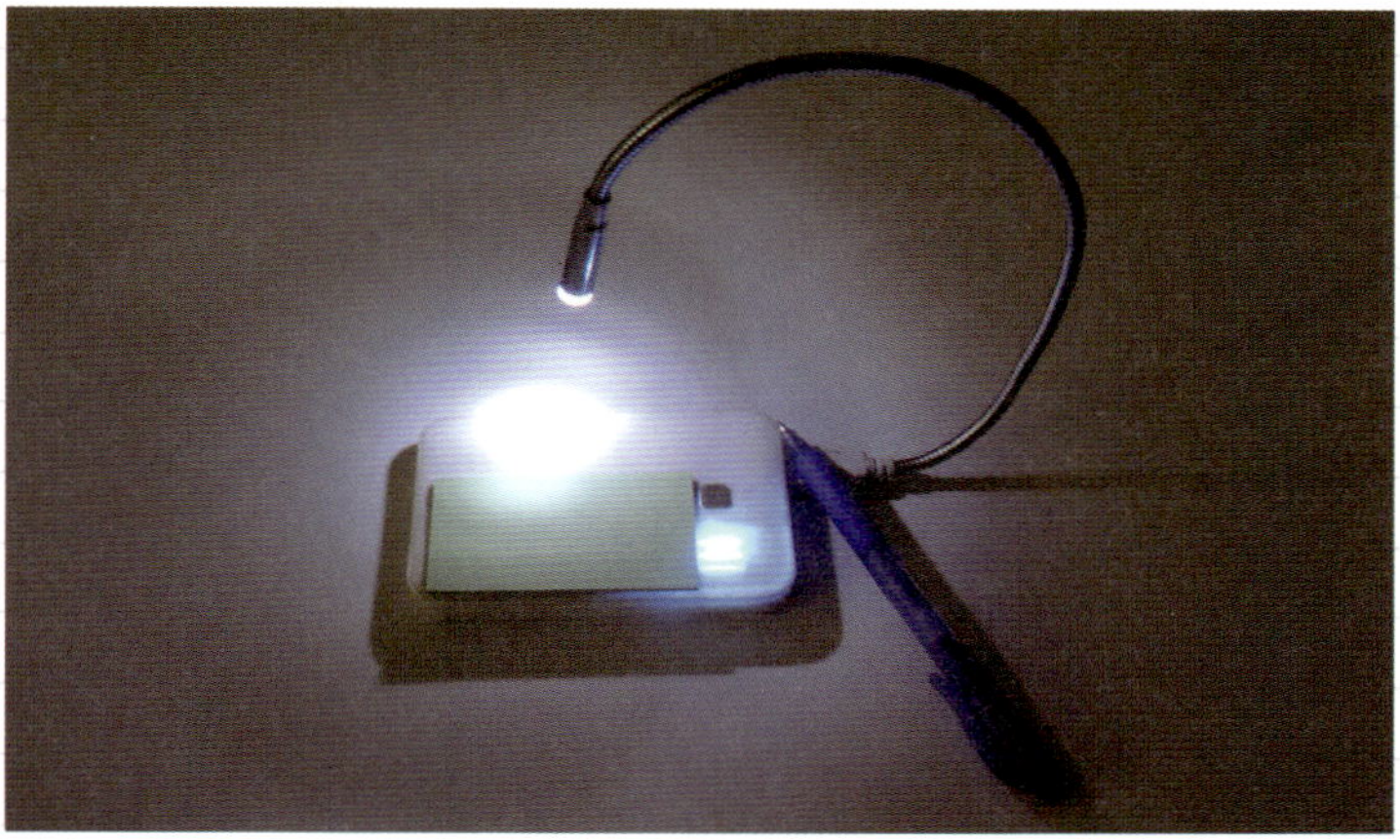

夢で見た内容や、ウトウトしている時に頭に浮かんだひらめきをメモできる寝室用ジョッタ。100円ショップでも手に入るUSB電源のアーム型LEDライトとスマホ用のバッテリー電源とを組み合わせ、バッテリー電源のうえにふせんをまとめ貼りすれば完成。

浴室用のお風呂ジョッタ

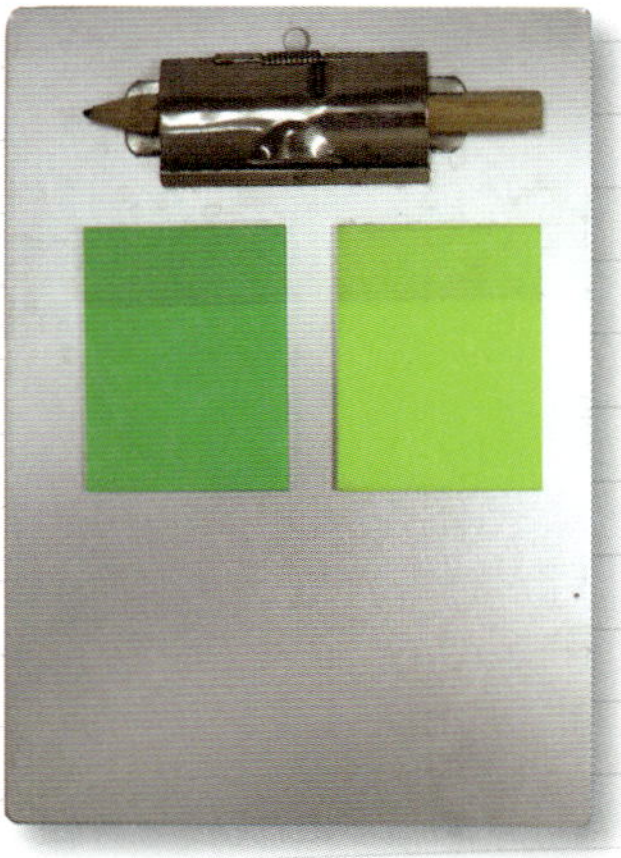

水に濡れても大丈夫なフィルム製のふせんと、
水でにじまない鉛筆を使えば大丈夫。

POINT

フィルムふせんとえんぴつを使う

写真左の浴室用のお風呂ジョッタはアルミ製を使っているが、タイル張りの浴室の場合は、落としてタイルを割ると危険なため、プラスチック製がおすすめ。

Method

5

5分で作れる万能ふせんノート

◎ 透明なカバーなどをつけるだけで夢が叶う万能ふせんノートが完成！

ふせんノートはA4ノートとふせんだけでも十分ですが、**オプションの文房具を追加すると万能ふせんノートを作ることができます**。使うのはスティックファスナー・クリアポケット・ノートカバーの3つだけ。作り方は次の通り簡単です。

①要らないA4用紙にパンチで2穴を空け、ノート裏表紙の内側にあてがって、穴の部分を鉛筆でなぞってマークを付ける。

②鉛筆でなぞった円の真ん中に、カッターで数㎜ほど横に切り込みを入れる。

③切り込みに、ノート外側から内側に向けてスティックファスナーを差し込む。

④クリアポケット（クリヤーブック替紙）をスティックファスナーに綴じ込む。

⑤最後に市販のノートカバーをかぶせて完成。

私が使っているノートカバーはビニール製の透明なカバーです。透明カバーの内側には夢実現シートと、ミッション・ステートメント＋今年の目標をプリントしたものを挟んでいます。

こうすると、自分の描いている夢が、文字情報として毎日目に飛び込んできます。

多くの人は夢を実現できずに夢のままで人生を終わらせてしまいますが、その原因は「夢を見ていないから」です。夢は思い描くだけでは実現しません。そうではなく、文字やイラストや画像などのような目に見える形にして、それを毎日見続けて、初めてその夢は実現します。わたし達家族の夢は、経済的に自由になって、ハワイのワイキキに別荘を持って移住することだったのですが、夢実現シートを見続けているうちに、ほぼ実現してしまいました。

万能ふせんノートの材料

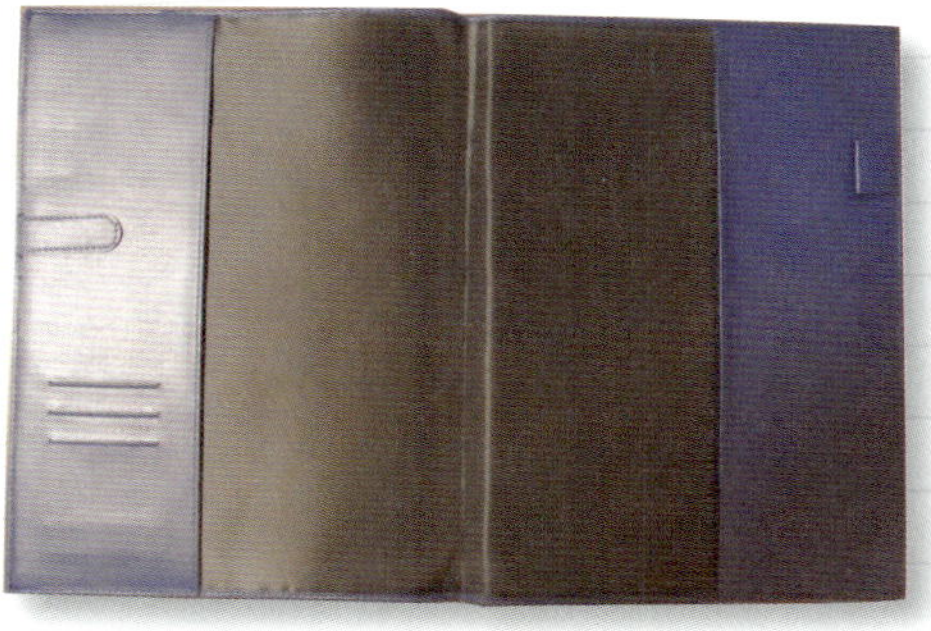
A4ノートカバー

高価な革製でも
安価なビニール製の
ものでも、機能は
どちらも同じ。

A4ノートとスティックファスナー

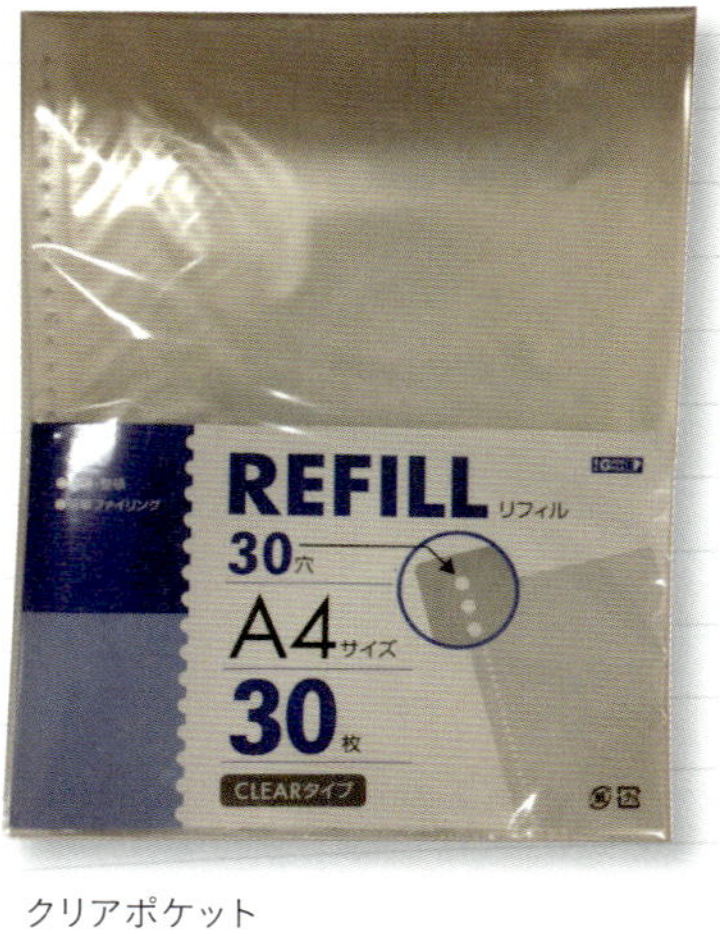

クリアポケット

大半の材料は、
文房具の品ぞろえが
よい100円ショップ
で売られている
こともある。

万能ふせんノートの作り方

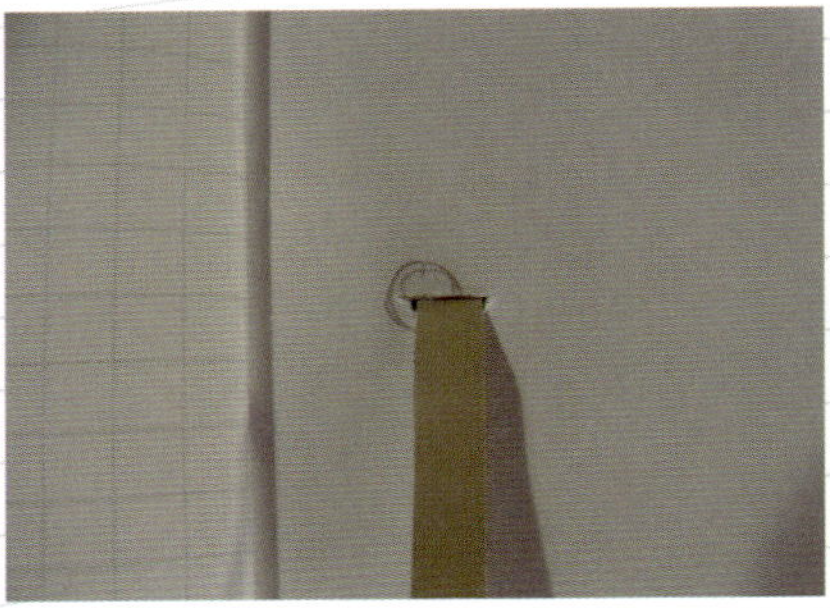

手順❶　パンチで2穴を開けた用紙をノート裏表紙の内側にあてがって、穴の部分を鉛筆でなぞってマークを付ける。

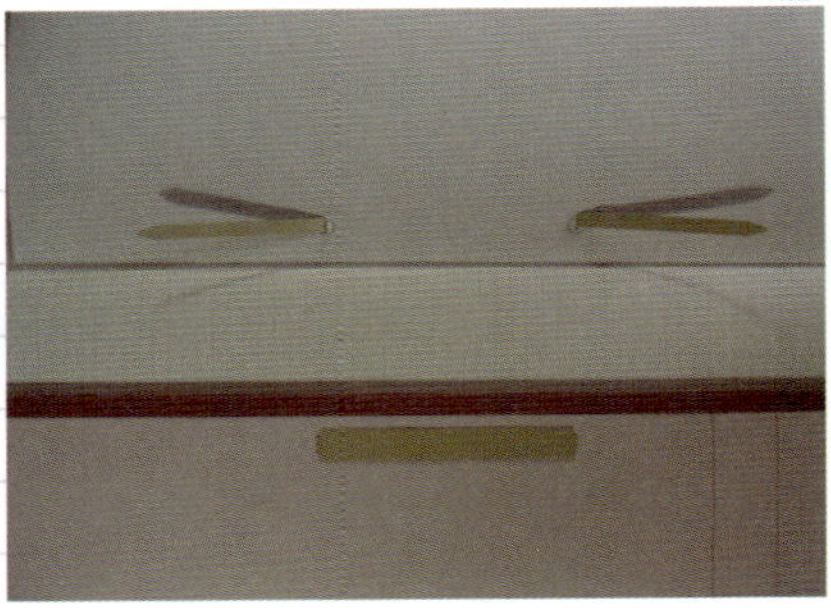

手順❷　鉛筆でなぞった円の真ん中を横に数ミリだけ、カッターで切り込みを入れ、スティックファスナーを差し込む（ノート外側から内側に向けて）。

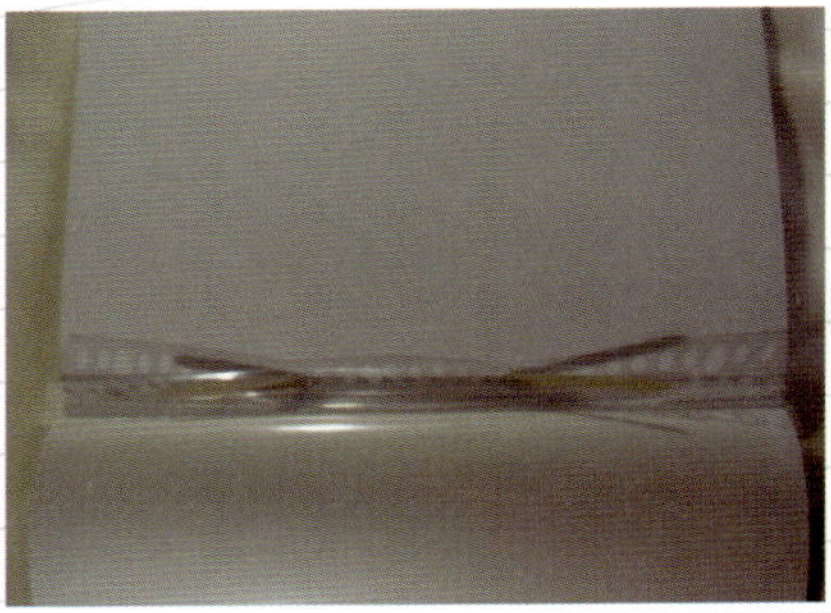

手順❸　クリアポケットをスティックファスナーに綴じ込む。その際、袋側を左にして、クリアポケットの付け根を折り曲げると、ノートからはみ出さない。クリアポケットには書類を収納することができる。

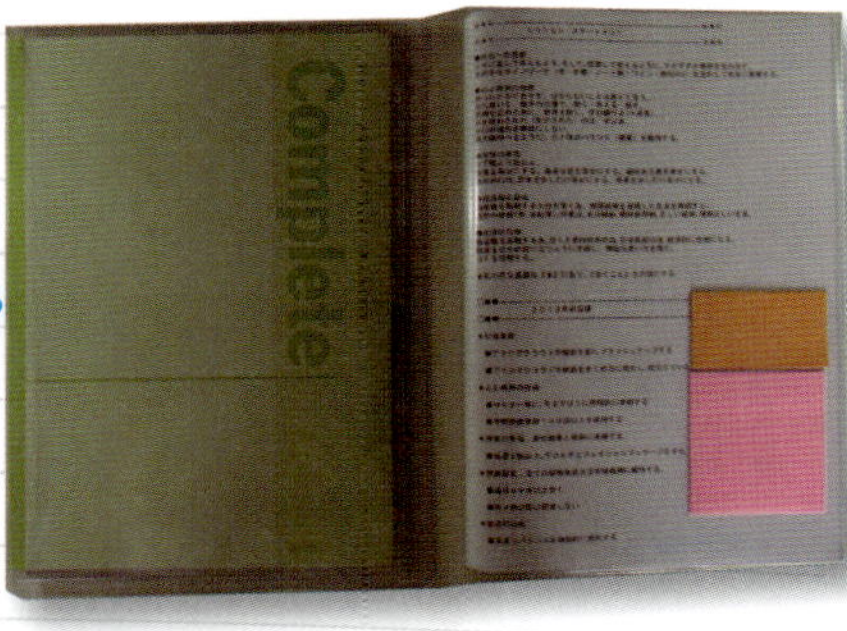

手順❹　手順③でできたクリアポケットと合体させたノートにノートカバーを装着すれば「万能ふせんノート」の完成。

※本書の読者限定で万能ふせんノートの作り方を示した動画を無料プレゼントしています。
詳しくは本書巻末をご覧ください。

今すぐ手に入る！

『図解 人生がはかどる「ふせんノート」』

読者限定無料プレゼント

今回は2つ！

PDFファイル

「夢実現シート」オリジナル台紙

9章で紹介している「ふせん式夢実現シート」を作成する際に必須となるオリジナルの台紙です。

「万能ふせんノート」作り方動画

外出時はふせんだけを持ち運び、ノートはお留守番。そんな「万能ふせんノート」の作り方を解説した動画です。

※無料プレゼントは、ホームページ上で公開するものであり、冊子やCD・DVDなどをお送りするものではありません

※上記無料プレゼントのご提供は予告なく終了となる場合がございます。あらかじめご了承ください

この無料プレゼントを入手するにはコチラへアクセスしてください

http://frstp.jp/fusenz

「坂下セレクト名著リスト＆レビュー24選」(PDF)をプレゼント！

LINE＠で友だちになると今後、坂下仁先生の役立つ最新情報をいち早くLINEでお届けします！

また、今だちになってくれたあなたは特典として「坂下セレクト名著リスト＆レビュー24選」(PDF)をプレゼントいたします

友達登録方法

①QRコードから友達登録される方

LINEアプリから、

「友だち追加」・「QRコード」から右のQRコードを読み込んでください。

②QRコードから友達登録される方

LINEアプリから、

「友だち追加」→「ID ／電話番号」→「@tsumashacho」で検索してください。

※必ず@を一番はじめにつけてください

※上記無料プレゼントのご提供は予告なく終了となる場合がございます。あらかじめご了承ください。

第3章

ベーシックなふせんノート

Method 1

仕事のメモは会社のノートに それ以外は自宅のノートに貼る

◎ふせんに書くのは日付と件名・要旨だけ

ふせんノートの概略と作り方を学んだところで、最もオーソドックスなふせんノートの使い方をご紹介します。私が銀行員時代に本業の日常業務の中で実際にやっていたデフォルトの使い方です。

勤務時間中のメモは、取引先との面談内容、銀行内での会議や電話での会話、ふとしたひらめきなどさまざまでした。仕事に関することもプライベートなことも、気付きや使える情報があれば即メモします。書くのは①日付、②件名か相手先名、③要旨の3点のみ。特に顧客との面談時は、相手との会話が一番大切です。従って通常は、キーワードのような短いメモしか書き込めません。**あとで記憶の糸をたどって思い出すための「糸口」の役割さえ果たすことができれば、それで十分です**。仕事絡みのメモは帰社後に業務用ノートに、その他は帰宅後に自宅のノートに時系列で貼ります。

ノートに貼って一体化したあとも必要なコメントを追記します。ふせんからはみ出しても構いません。誰かに提出するレポートではないので、別のノートに転記したり清書したりすることも不要です。

会議の資料には直接書き込まず、ふせんを貼ってメモする方法をおすすめします。万が一資料を回収されても、メモ済みふせんがあれば思い出せるからです。その他、同僚や部下への伝言や業務上の指示などもふせんに書いて渡す方法が一番確実です。

具体的に、外出時のメモや社内打ち合わせのメモをどのように書いてふせんノートに貼っていたのかを、会社での一日の業務の流れに沿って、次ページ以降に写真付きで図解しましたので参考にしてください。

会社のふせんノート　使用例

❶業務始業時のノート紙面には、昨日までのメモが記載されているだけ

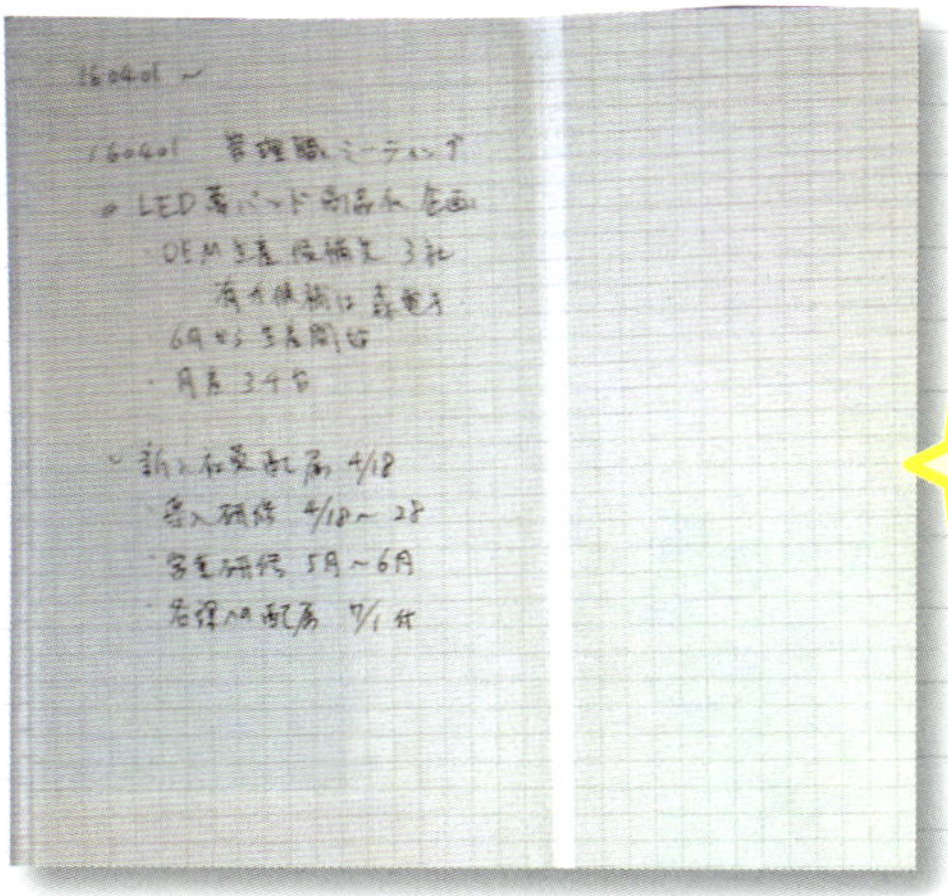

ノートは
あくまでも留守番で、
持参するのは
ふせんのみ！

❷白紙のふせんを持って取り引き先に

ふせんは
P41～P42で紹介した
ふせんカバーを使っての
携帯がおすすめ

❸ 1件目訪問時白紙ふせんに記入中

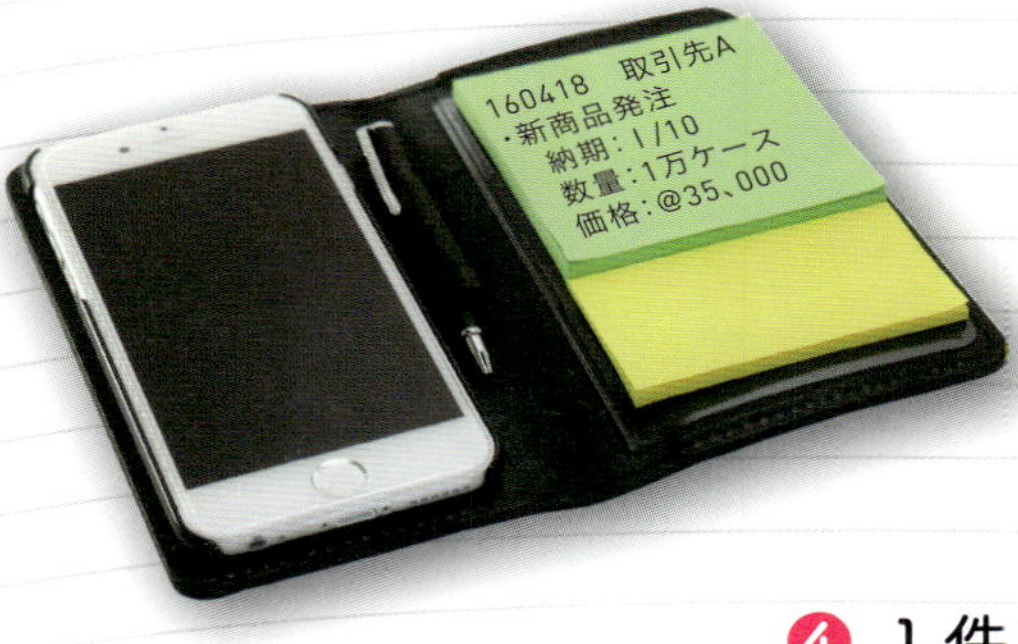

❹ 1件目訪問後台紙の裏に貼る

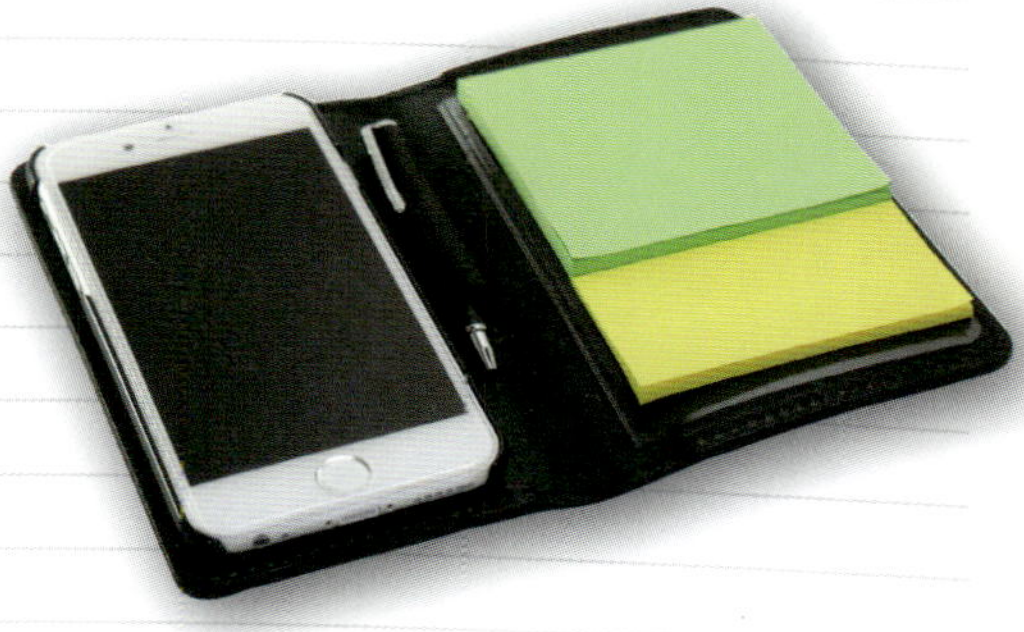

❺ 2件目訪問時2件目メモを記入中

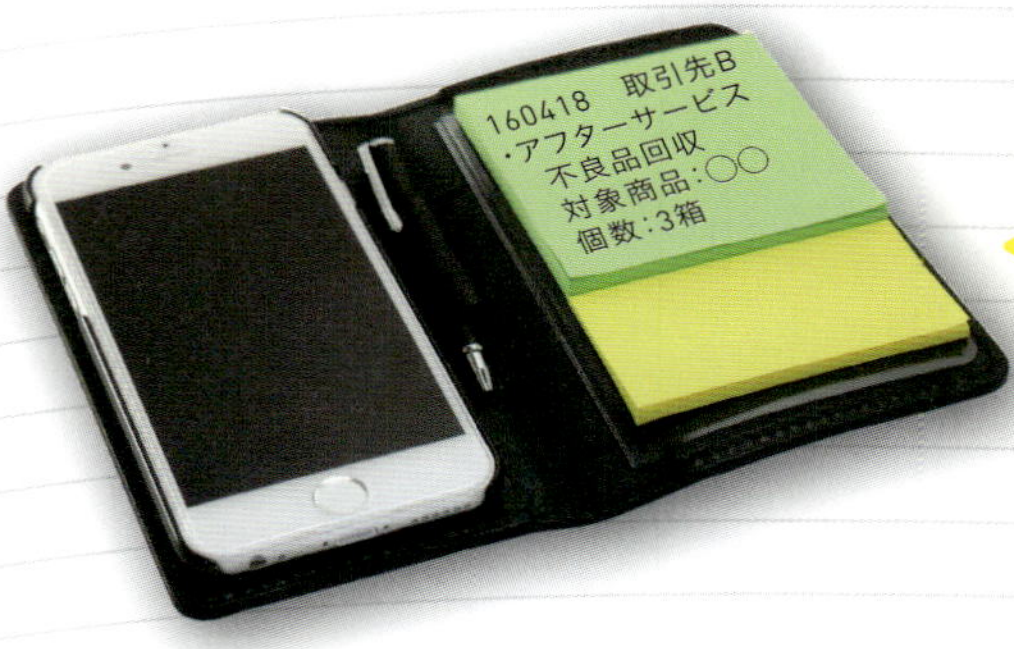

メモ済みふせんは、
ふせん台紙裏面の
ストックヤードに
一時保管する

6 あくまでもメモのため、ふせんを清書する必要はなし！

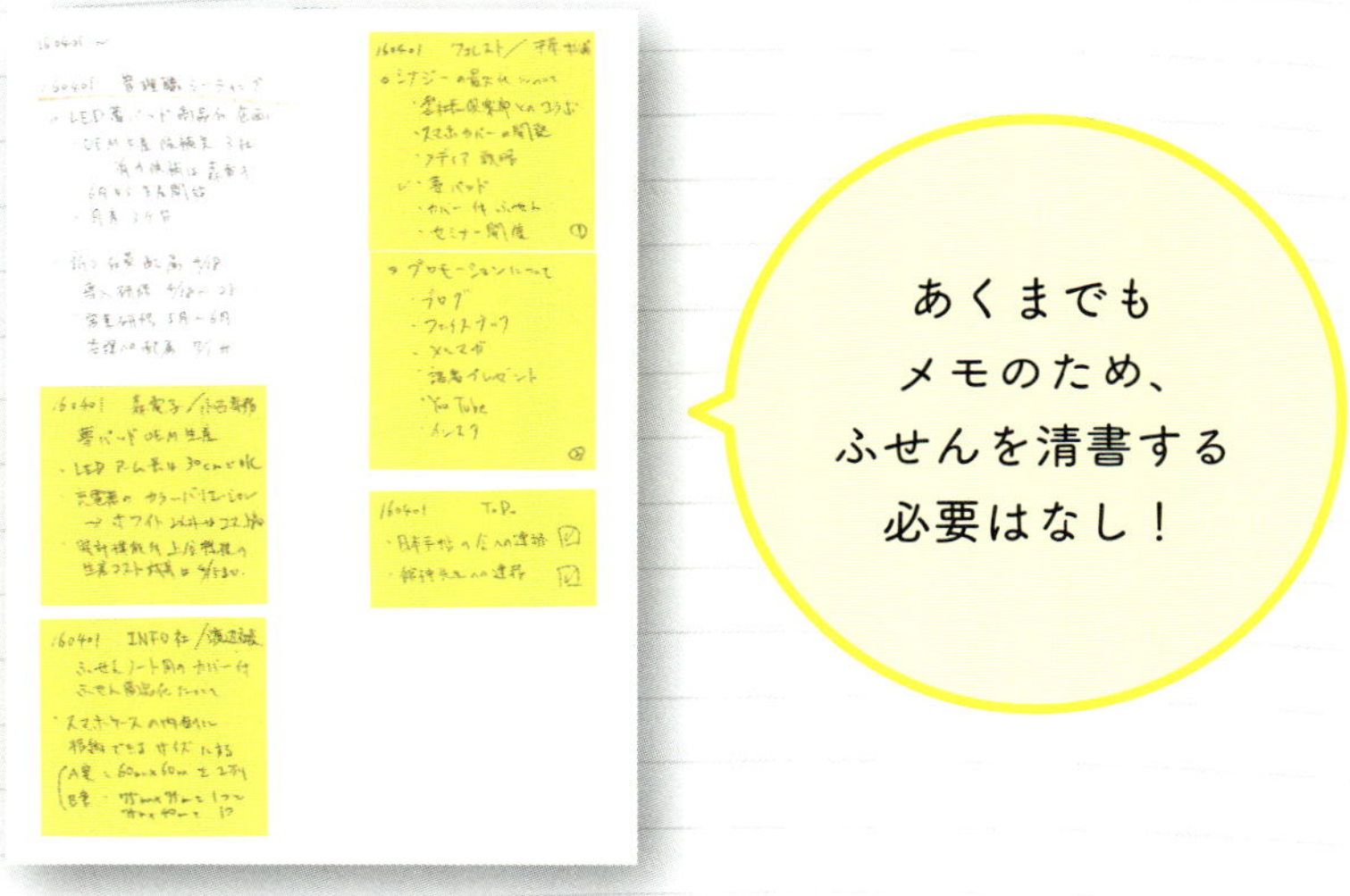
あくまでも
メモのため、
ふせんを清書する
必要はなし！

7 翌朝の会社のふせんノート

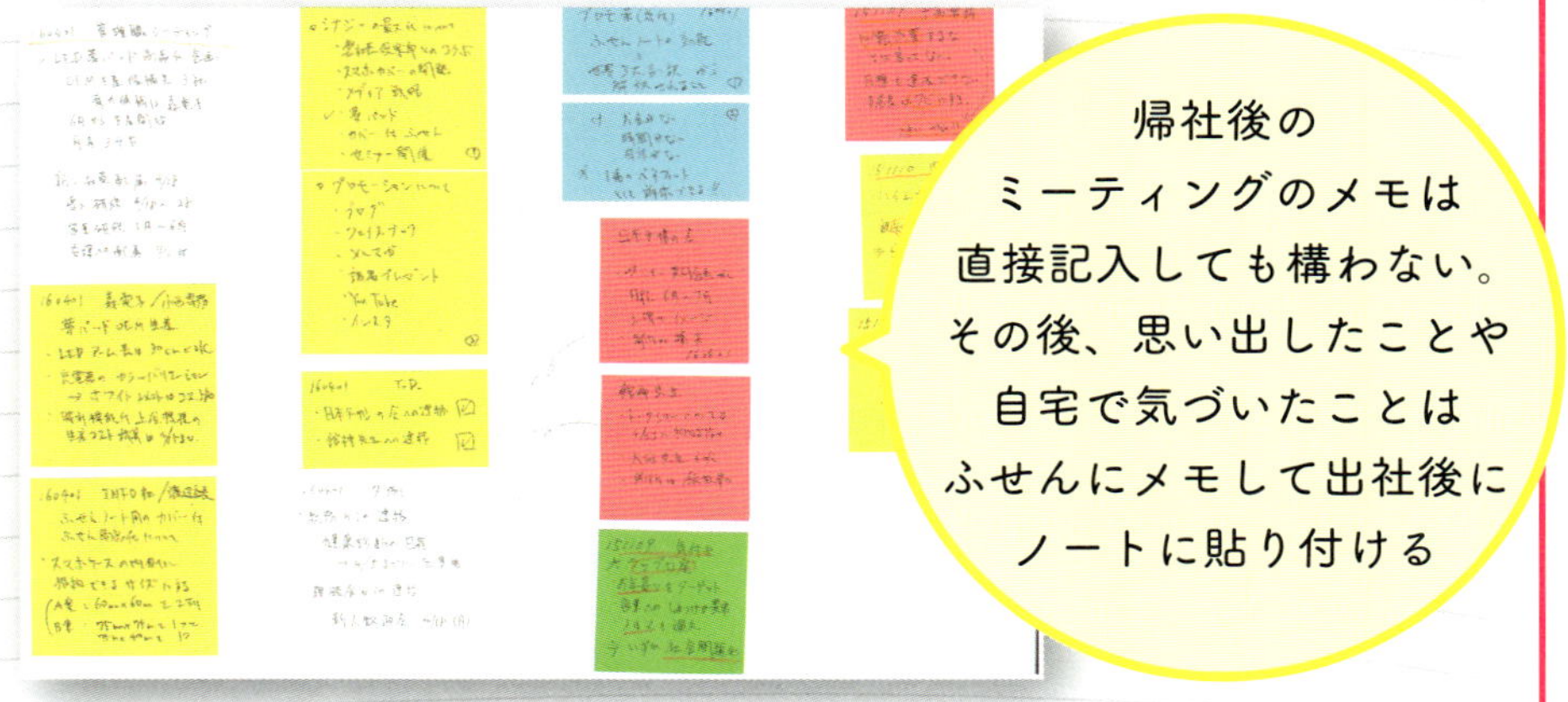
帰社後の
ミーティングのメモは
直接記入しても構わない。
その後、思い出したことや
自宅で気づいたことは
ふせんにメモして出社後に
ノートに貼り付ける

8 最後に、夕方の社内ミーティング時のメモを先ほどのふせんの後ろに追記する

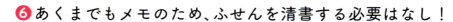

Method 2

書類は整理しない！ふせんノートに挟みなさい

◎ふせんも書類もすべてノートでワンポケット化する

ビジネスマンが探し物に費やす時間が年間１５０時間あるってご存じでしたか？

探し物とは資料のこと。資料の大半はＡ４判かＡ３判ですが、クリアファイルに保管すると、いつの間にかどこかに埋もれて迷子になります。再出力できる資料ならよいのですが、オリジナル資料が見つからない時は冷や汗ものです。

そこで、そうならないように**目先の仕事に関する資料は必ずふせんノートに挟みましょう**。すぐに使う紙だと思った時点で、「使用中のページか前後のページ」にそのまま挟んでください。折り畳んではいけません。中身が見えない紙は見つけられません。

単純に挟むだけですが、仕事の効率は上がります。なぜなら、挟み込んだ資料のほとんどが、挟み込んだページ上のメモに関連した資料など、あなたの業務に密接な資料だからです。**プリント資料も情報が詰まった大きなふせんのようなもの**なのです。

もし、書類がノートの古い紙面に挟まっていたらその書類は中長期案件か終了案件です。中長期案件なら、クリアポケットに入れるかスティックファスナーに綴じましょう。終了案件なら、会社の保管用ファイルに綴じるか裁断するかのいずれかです。

ちなみに私は、メールをパソコン画面で読むと何かを見落とします。ところが、プリントすると見落としがなくなります。マーカーで線を引けますし、気付いたことを書き込めたりもする。チョットしたミーティングの場での簡易資料としても転用できます。Ａ４ノートに挟んでおいて仕掛かり案件として管理することもできるようになりました。災い転じて福となすとは、このことですね。メールをＡ４用紙にプリントすると重宝することが分かりました。

書類のサイズ＝ふせんノートのサイズ

A4ノートはA4の種類がそのまま保管できる

［A4ノート］

＋

［A4用紙］

オフィスではA4用紙が一般的。A4用紙の一覧性を維持したまま、挟んで保管することができる。

［小型ノート］

＋

［A4用紙］

小型の手帳ではA4用紙を折り畳むか、手帳サイズに縮小コピーをしなければ挟むことができない。

- 職場のコピー用紙がB5の場合はB5ノートでもよいが、A4ノートの方が社外との打ち合わせでも使える。
- 書類の縮小コピーは可読性が下がるのでNG。

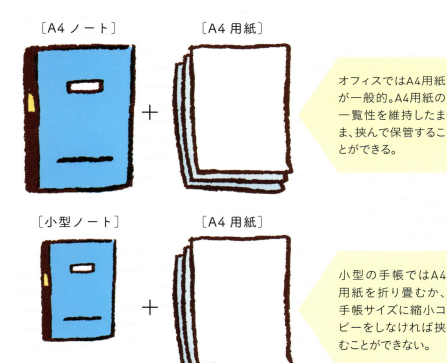

Method 3

ふせんだけで意見が続出！短時間で会議がはかどる！

◎ふせんに意見を書いて それを元に議論しなさい

会議や打ち合わせを開いていても、発言せずに下を向いている人や長々と話して要領を得ない人がいると、何も成果が出ずに時間ばかりが無駄になります。そこでおすすめするのが「ふせん会議」です。

参加者に大きめのふせんを配布し、制限時間内に自分の意見を書いてもらいます。ふせんに書くことを通じて考えが可視化されて冷静に確認できるので、ピントはずれの発言が減少します。

あとで整理しやすいように、ふせん1枚につき意見は1個です。また、一人あたりの最低枚数を10枚以上というように高めに設定すると、脳が活性化して意外なひらめきが生まれたりします。

口頭で話すだけの会議と違って、参加者全員から確実に複数の意見を引き出せるので、有効な解決策やアイデアが生まれやすくなります。当事者意識も高まります。

集まったふせんは、ホワイトボードやテーブルで並べ替えて、似た意見をグルーピングします。あとでお話しするＫＪ法という手法です。集約された意見を目で見ながら議論を進められるので、思考が整理されて参加者間の認識のズレもなくなって、意外なほどあっさりと解決の糸口が見えてきます。

このプロセスを経て形成された合意や理由などをふせんに書いてノート上で並べ替えれば、議事録が完成し、報告用のレポートもまとまります。

ふせん会議は会議時間の短縮にもつながります。例えば10人が口頭で一人1分意見を言うと発言だけで10分かかりますが、ふせんなら同時並行で書けるので1分で集約が可能。さらに、事前に意見ふせんを集めておけば会議では議論だけに集中でき、短い時間でも密度が高く、会議がはかどります。

少人数の会議の場合

２〜３人の小規模な会議であれば、参加者に異なる色のふせんを割り振り、各人の意見や、今後の進捗に関わるメモを記録しておく。

■■さん	妻を自分法人の代表にするとお金が増える仕組みをゲームで学ぶ	妻社長メソッドをマンガ化する
▲▲さん	「お金＝数値化された感謝の気持ち」だと誰でも気付く物語を作る	夢実現シートを作ると夢が本当に叶う事実を小説化する
●●さん	安全に3000万円たまる方法をセミナーで伝える	高齢者の勘違いを利用してぼったくっている銀行名をオープンにする

取引先との会議の場合

自社と他社で異なる色のふせんを割り当て、先方と自社の意見をそれぞれメモしておく。

取引先	自社
創業50周年祭の ポスターのデザイン	コンペ用作品を 社内コンクール
A社、B社とのコンペ 新商品メイン 画像は提供	画像の撮りおろし可能か 要確認

Method 4

いつの間にか課題が解決する ふせんQAノート術

◎ ページの左で質問し右に答えを書きなさい

　ふせんノートの一番オーソドックスな使い方は時系列でふせんを貼る方法です。普通のビジネスマンはこれで十分ですが、ソルーション型のお仕事をされている方には、ふせんQAノート術をおすすめします。これは、**ページの左半分をQuestion欄、右半分をAnswer欄にするだけの単純なノート術**です。

　お取引先からの依頼、上司からの課題の投げかけ、部下や同僚からの相談があれば、ふせんにメモしてノートに貼ります。その際、次ページの図のようにページの左半分（クエスチョン欄）だけに貼って、アンサー欄の右側を空けておくのです。

　ふせんには額縁効果があるので、左側のふせんの四辺の中に書いてある「課題・質問・相談」内容は、強調されて目に飛び込んできます。しかも、人間には穴があると埋めたくなる習性があるので、右側に空欄があると答えを埋めたくなります。脳が無意識のうちにフル回転を始めるのです。

　なお、右側にアンサーを書く白紙のふせんをあらかじめ貼っておく必要はありません。なぜなら、席に座っている時には答えが出てこないから。たいがい、別のことをしている時に思わずひらめきますので、そのときにメモしてあとで貼れれば十分です。

　クエスチョン欄のふせんの内容が他部署や他の担当者に関するものでしたら、剥がして彼らに渡して指示を出します。その際、相手の名前と渡した日時を台紙部分に書いて進捗《しんちょく》を管理します（名付けて複式母記）。

　厄介なのは、自分が解決すべき内容なのに白紙が埋まらない場合です。この場合は後述するプロジェクトに該当するので、他のメンバーを巻き込みつつ具体的なタスクにまで分解して取り組みましょう。

ふせんQAノート術 具体例

クエスチョン欄	アンサー欄
170321　お客様A 就業規則に違反せずに副業をする方法はないか？	170322　解決策 妻社長メソッドを使い プライベートカンパニーで 副業をする
170322　お客様B 銀行からファンドラップをすすめられたがトータル年５％の手数料は高すぎ。 一方で、私が経営する零細企業への貸し渋りをされるのが怖い。どうすればよいのか？	
170323　お客様C 国内の投資でおすすめは？	170324　回答案 確定拠出年金の中で 信託報酬０．３％以下の インデックスを購入
170324　部下D お金を安全確実に増やす方法を知りたい。	170324　回答案 お金の定理を学べば
170324　E副社長 監督官庁を煙にまく 妙案を考えろ！	

※左右を分ける線を引く必要はありません。

置き去りフィルタリング

P54で紹介した「目先の仕事に関する資料は必ずふせんノートに挟む」という方法のことで、以下の図のような働きを持つ。

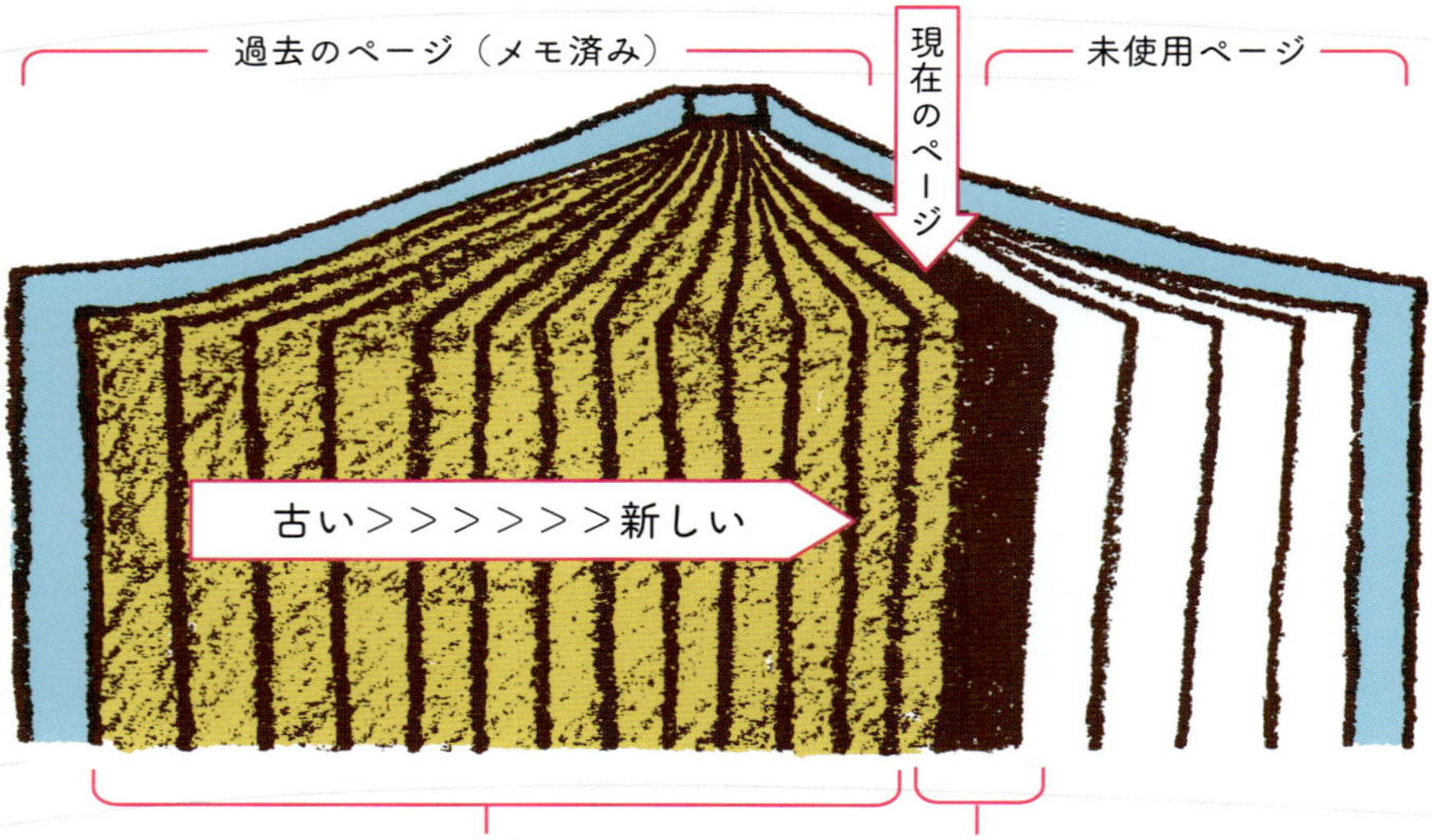

挟んだ資料は古い書類

挟まっているのは、新しい書類

用済み書類　または　重要書類

用済み書類

❶ 保管専用フォルダーにファイルする

または

❷ 裁断する

重要書類

❶ スティックファスナーにファイルする

または

❷ クリアポケットに放り込む

新しい書類

仕掛り案件

引き続き、そのまま活用する

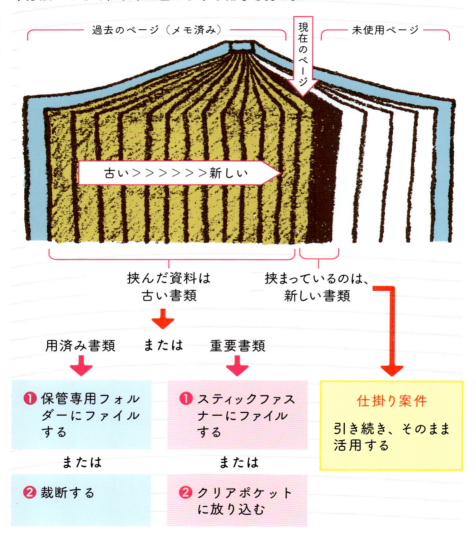

第4章

タスク管理用
ふせんノート

Method

1 プロジェクトとは タスクとスケジュールの集合体

◎ 時期や時間が確定したタスクは スケジュールとして管理する

仕事や勉強がはかどらない人には、ある共通点があります。それは、プロジェクトをスケジュールやタスク（ＴｏＤｏ）と混同していること。**タスクとはやるべき事なので「行動」そのもの。** **スケジュールとは、時期や時間が確定した行動**です。そして**プロジェクトとは、テーマを核に多くのタスクやスケジュールなどが組み合わさった複合体**です。まったく別物なのに全部を一緒にして同列に扱うから仕事も勉強も思うように進まなくなるのです。

例えば私は、定期的にセミナーを開いているのですが、「セミナーを開く」ことをタスクやスケジュールとみなした瞬間に、そのセミナーは失敗します。なぜなら、セミナーとはプロジェクトだからです。セミナーは私一人では開けません。共催者の講師と相談しながらセミナーのコンセプトや内容、開催時期などをつめていき、セミナー案内や電話対応をこなす事務局メンバー、受付係や司会者等の都合も調整しながら組み立てていきます。そのうえでセミナー会場を決めて予約し、受講生を集めなければなりません。だから、プロジェクトを成功させるためには、具体的な行動やスケジュールに落としこめるレベルまで分解する必要があります。そこで登場するのがふせんです。ふせんを使えば、複雑なプロジェクトであっても、具体的にやるべき行動「タスク」や日時や期限が確定した行動「スケジュール」にまで簡単に分解することができるようになります。

分解するとよく分かるのですが、**スケジュールやタスクは自分のものとは限りません。パートナーのスケジュールやタスク、相手のスケジュールやタスクが複雑に混在しています**。だから、プロジェクトは、可視化できるまで分解すべきなのです。

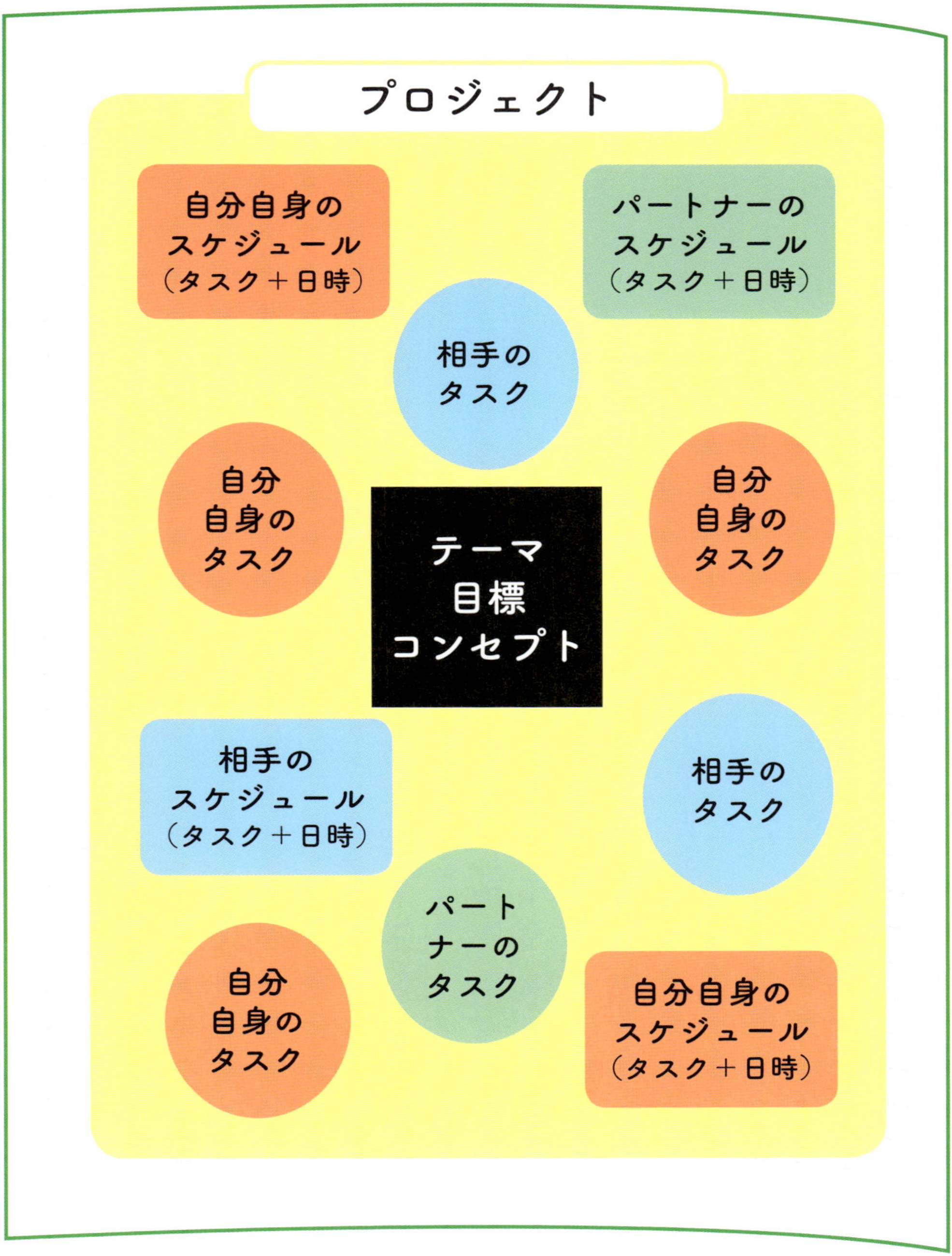
プロジェクト
自分自身の
スケジュール
（タスク＋日時）
パートナーの
スケジュール
（タスク＋日時）
相手の
タスク
自分
自身の
タスク
テーマ
目標
コンセプト
自分
自身の
タスク
相手の
スケジュール
（タスク＋日時）
相手の
タスク
パート
ナーの
タスク
自分
自身の
タスク
自分自身の
スケジュール
（タスク＋日時）

Method 2

スケジュール管理とタスク管理の使い分け

◎ スケジュールはクラウド タスクはふせんで管理する

本当はプロジェクトなのに、それをスケジュールやタスクと勘違いするから失敗する、とお話ししました。

プロジェクトか否かを見分ける方法は簡単です。**即座に具体的な行動をできるのならタスクですし、できなければ具体的なプロジェクト**です。できないと分かった瞬間に、簡単に行動できるレベルのタスクに分解して、ふせん1枚につきタスク1つを記入します。

そのうえで分解したタスクふせんを取り組む順番にノート上で並べていきます。あとは機械的に順番に行動するだけです。次のページの水色ふせんのように、行動する日時を確定できるタスクについては、忘れないうちにカレンダーに記入していきます。

私の場合には、すべてのスケジュールをグーグルカレンダーに登録しています。事務局のメンバーや家族との間でスケジュールを共有できるからです。紙と違ってとっさに入力することはできませんが、スマホで予定の有無を確認するだけなら10秒あれば何とかなります。予定が空いていれば、ふせんに即メモして、電車待ちなどの細切れ時間中にグーグルカレンダーに入れます。グーグルカレンダーに入力するとリマインドが届くので、絶対に忘れません。

行動する日時を決める必要がないタスクや決められないタスクについては、私はふせんで管理します。その際に大切なことは、タスクを行う場所か目立つ場所にふせんを貼るということ。例えばメール送信タスクならパソコンに貼り、電話をかけるタスクなら電話に貼ります。また、中長期的なタスクであれば、私は毎日目にするトイレの壁に貼っています。

最初はノートに貼ってあったふせんも、こうして適材適所に赴任していくわけです。

プロジェクト分解後のタスクふせん
～セミナープロジェクトの例～

開催計画を確認

今回のテーマを確定

講師報酬と受講料

募集人数を決める

プレゼン資料作成

司会・受付　役割分担

アンケート用紙作成

懇親会のお酒発注

会場設営

講師へのお礼

運営マニュアル確認

講師を決めて、連絡

日程とカリキュラム

会場を決める

受講生の募集

セミナー教材作成

受講料入金確認

お菓子とつまみ購入

受講生のフォロー

※水色のふせんは、スケジュール化してカレンダーに落とし込み可能なもの

Method 3

アナログなのにデジタルなふせんでスケジュール管理

◎クラウドをプリントしてアナログで使い倒せ

スケジュールについては複数のメンバーで予定を共有できるクラウドが便利なので、グループウェアというソフトでスケジュールを共有する会社が増えています。会議の招集通知をもらい、一発でカレンダーに予定を登録することもできます。上司や同僚の予定を随時参照し、必要な予定を入力できます。

他方で、セキュリティの問題からグループウェアのスケジュールを外出先で参照できない場合もあります。その場合には、スケジュール表1カ月分（または1週間分）を定期的にプリントする方法をおすすめします。これにより、紙の手帳に転記する手間を省けるからです。

クラウドへのアップロードは手作業ですが、ダウンロードは自動化（プリント）されます。プリントしたスケジュール表は、折り畳んでふせんと一緒に携帯します。外出先でスケジュール用紙にメモした予定は、帰社後に入力してください。

一方で、スケジュールを共有する必要がない人の場合にはクラウドを使う必然性はありません。その場合の一押しは、ふせんを使ったスケジュール管理です。手帳のスケジュール欄を台紙に見立て、行動予定をふせんに書いて貼るだけです。予定が変われば貼り替えます。定期的に発生するルーティンであれば、ふせんを何度でもリサイクルできます。

ところで、やるべきスケジュールとタスクを整理することだけに特化したふせん貼り替えツールがあります。テンミニッツという商品で、一日単位のものと長期スケジュール管理用とが揃っています。

このテンミニッツに60㎜四方で粘着面が広い強粘着のふせんgnotes hachimaruをまとめ貼りすると即席ふせん手帳として使えるので重宝します。

テンミニッツ手帳でスケジュール管理

カンミ堂の「テンミニッツ手帳」は、ふせんを使いスケジュール管理ができる優れもの。さまざまなサイズの専用ふせんは、手帳内のすべての枠にピッタリ収まるので、余計な隙間（すきま）を作らずスッキリ。

１カ月単位の長期だけでなく、１日の短期スケジュールも管理できる点が魅力！

POINT

時間管理に便利な幅が異なる専用ふせん

「テンミニッツ手帳」に使用する専用ふせんは、基本の６色の他に、ドットやストライプの柄ふせんもあり、スケジュールを楽しく仕分けできる。さらに、ふせんの縦幅が「細め」「ふつう」「太め」の３種類あり、それぞれ「30分」「60分」「120分」の枠にピッタリ収まるので、目で見て分かる時間管理が可能となる。

ノートタイプはリッチブラック、チェリー、ソーダ、メロンとカラーバリエーションが豊富。

POINT

1日のスケジュール管理はノートタイプがベスト

「テンミニッツシリーズ」は、1週間、1カ月、1年といった長期のスケジュール管理に便利なツール。1日のスケジュール管理には、『ノートタイプ』が最適です。就寝前や始業前の10分で、1日の予定をふせんに書き出し、タイムテーブルの時間軸に落としこみスケジュールを組む。手帳よりコンパクトで軽いのが魅力。

時間が未定の仕事・用事については、「Today's Work List欄」に仮置きすることが可能。

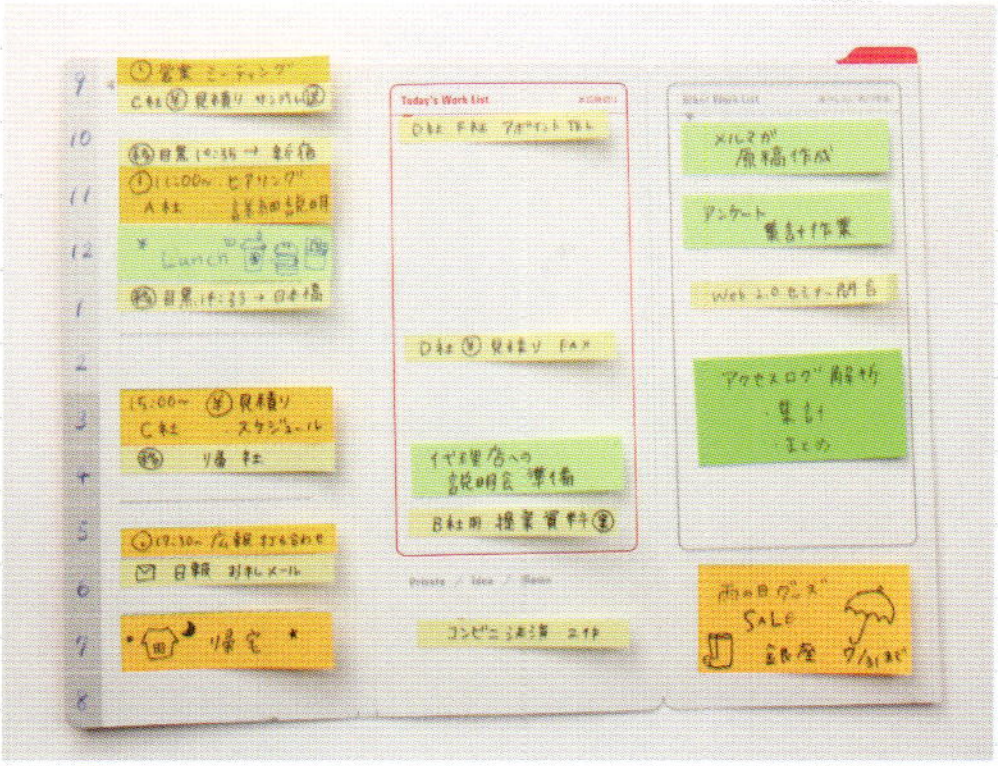

※「テンミニッツ手帳」の余白に大きめのふせんをまとめ貼りすることで、即席のふせん手帳を作ることもできる。

第5章

プロジェクト管理用ふせんノート

Method 1

ふせんノートはプロジェクトで真価を発揮する

◎共同作業に不可欠なふせんノート

　ふせんノートは、ビジネスマンが手帳や業務ノートの代わりに使う場合の他、主婦が家事や子どもの学校・趣味や習い事の情報をストックしたり、タスクを管理する場合にも使えます。グルメ情報やテレビで紹介された本や映画の情報、鑑賞後の感想などをプライベートのふせんノートに貼ったり、チケットの半券を貼り付けたりすれば、それだけでふせんノートが日記帳の代わりにもなります。

　ふせんノートはこのように、個人ベースでも公私にわたって縦横無尽に活用できるのですが、複数のメンバーが絡む場合にこそ、真価を発揮します。その典型例がプロジェクトです。

　プロジェクトに取り組む場合には、社内の他部署や外注先と連携し、チームを組んで役割分担をしながら進めていきます。色々な意見が出てくるので、整理しながら手際よく調整しなければなりません。しかも、上司や経営陣へのレポートも欠かせないので、要点が常に整理されていなければなりません。

　例えばマンション開発業者の企画担当が新規顧客獲得のために節税用のタワーマンションの新企画を考えたとします。想定される問題点や課題をクリアするために、開発部門や営業部門、税務部門などを巻き込んで、ふせん会議（第3章）で仕切ります。

　その際、プロジェクト管理用のふせんノートに設置した「想定問題解決ページ」に図のように部署ごとに色を変えたふせんを貼って整理します。これにより、解決すべき問題の優先順位がはっきりするので、あとはふせんQAノート術の手法で順に解決すれば次に進めます。同じ要領で、「営業戦略」「コスト問題」「マーケティング」のように切り口を変えながらプロジェクトの課題を次々と解決するのです。

プロジェクト管理用のふせんノートに設置した「想定問題解決ページ」の例

〈想定課題〉

〈解決案〉

170321　税務部　館神

タワーマンションを利用した相続税節税策については国税庁が対策に着手。そこを考慮すべき。

170322　企画部　間辺

タワマン節税についてはニーズ発掘が一巡。
顧客自身が気付いていない潜在的ニーズを掘り起こすため、マーケティング調査と何らかのプロモーションが必要。

170323　開発部　浜田

都心部の地価上昇により魅力的な素地入手が困難。
企画以前に実現可能性の検証が必要。

170322　営業部　豊崎

相続税の節税策という切り口だけでは、富裕層のお客様は魅力を感じない。
新しい視点を付加しないと売れ残りリスクが発生する。

Method

2

就活や婚活、家づくりに欠かせないふせんノート

◎プライベートのプロジェクトもふせんを人別に色分けして整理する

プロジェクトは仕事だけとは限りません。就活や婚活、住宅購入などプライベートでも発生します。ふせんノートはそうした時にも活躍します。例えば家づくりに成功した人は、「家づくりノート」を作っています。要望をまとめやすく、理想の家が明確になるからです。そして、ふせんノートは家づくりノートとの相性が抜群です。なぜなら、ふせんを使うと、①家族の意見を集約できて、②気付きをいつでもどこでも即メモできて、③要望が変わっても、簡単に貼り替えることができるからです。

当然ですが、家族が仲良く幸せに暮らすためには、みんなの意見を取り入れなければなりません。でも、予算には限りがあるので、すべての希望を取り入れることは不可能です。そこで、ふせんで整理します。

家族それぞれがふせんに書くので、妻はピンク、夫は青、長男は緑と、家族でふせんの色を変えます。それをノートに貼れば、全員の希望を一覧して比較しながら検討することができます。

また、家づくりを考え始めると、通勤中や仕事中、家事の最中や休憩中など、時や場所を選ばずに突如として色々な気付きや考えが舞い降りてきます。これをあとで家づくりノートに書こうとしても忘れて書けませんが、ふせんなら即メモできます。

ところで、家づくりを考え始めてから実際に着工するまでには数カ月から数年を要します。その間に住宅展示場を何度も訪れて住宅メーカーと打ち合わせを繰り返し、友人や親、テレビや雑誌などからも情報を仕入れたりするので、構想も刻一刻と変化します。これをノートに直接書き込むと訂正や追記だらけで混沌としますが、ふせんノートであれば貼り替えや並べ替えができ、整然とまとまります。

家族の希望を出し合おう

まずは要望をそれぞれふせんに書いて、下記の例のように貼っていきます。この段階ではお互いの要望に対しての意見はせずに、とにかく思いつくことを書き出しましょう。

リビング

LDKにホームシアター

子どもが必ずリビングを
通るような間取りにする

吹抜けや開口部の広い窓など
開放感のあるリビングにする

急な来客でもサッと
ものが隠せる工夫がほしい

家族みんなでくつろぎながら
テレビを見れる広さがほしい

天然素材にこだわりたい

収納

コート類やゴルフセットは
玄関回りにしまいたい

大型冷蔵庫が入るくらい
大きなパントリーがほしい

大きな壁面収納を設置して
本や映画のDVDを揃えたい

主寝室からすぐ入れる
ウォークインクロゼットがほしい

部屋

小さくていいから
軽く仕事のできる空間がほしい

家族が手伝ってくれやすい
対面式キッチンがほしい

子どもが小さいうちは一緒の部屋
大きくなったら分けられるように

子ども部屋にもエアコン

Method 3

ふせんノート式家づくりノート

◎色分けしたふせんを貼り替えて家族の未来を貼り替えよう

マイホームを買ったあとも、家族のライフスタイルは変化します。子どもは成長して大学に行き、やがて独立します。だから**家づくりノートには将来の家族のライフスタイルやターニングポイントを想像してイメージを膨らませながら書き込みます**。その他、住宅購入資金をどのように手当するのか、購入後の借入返済や修繕費・税金の支払いをどうするのか等、広範囲の内容を長期間にわたって折り込みながら検討しなければなりません。そこで最初に、そうした基本情報を整理しておきます。

次に、色分けしたふせんを家族みんなに配布して各々から希望を募ります。それを前ページのように「リビング」「収納」「キッチン」「お風呂」など、項目別にグルーピングして貼っていきます。

そして、これを見ながら、今度は次ページの図のように、家族の希望が一致したものと、一致しなかったものとに選り分けます。

一方で、住宅展示場で調べたり聞いたりしたことや、雑誌などで調べたことなどを、夫婦それぞれがふせんに書き溜めます（P76の図）。

このようなプロセスを経ながら、住宅メーカーへの質問をふせんにまとめたり、必須条件をまとめたりして、施主側としての考え方を明確にします。

なお、家づくりノート版の「ふせんノート」については「HOUSING by suumo」（発行：㈱リクルートホールディングス）2017年3月号に詳しい使い方と付録とが掲載されています。詳細を知りたい方は、そちらをご参照ください。

家族の希望を整理しよう

家族の希望が一致したこと

開口部の広い大きな窓から
朝日が差し込むようなLDK

小さいうちは一緒の子ども部屋
大きくなったら分けられるように

家族が手伝えて友だちと一緒に
料理も楽しめるLDK

むくの床材など
天然素材にこだわったLDK

帰宅した子どもが必ず
リビングを通るような間取り

コート類やスポーツ道具を
しまえる大きめの玄関収納

希望は一致しなかったが欲しいもの

小さくていいから
軽く仕事のできる空間がほしい

大型冷蔵庫が入るくらい
大きなパントリーがほしい

LDKにホームシアター

子ども部屋にもエアコン

（ワンポイントアドバイス）
意見が一致した部屋のテイストや間取りの
工夫が分かる写真を、雑誌やカタログから
切り取って貼ってみよう

（ワンポイントアドバイス）
意見が一致した部屋のテイストや間取りの
工夫が分かる写真を、雑誌やカタログから
切り取って貼ってみよう

住宅展示場や雑誌で知りたいことをメモ

住宅メーカーごとにどんな特徴があるのか、夫婦それぞれでメモをとり、帰宅後にノートに貼ってみよう。

A社のモデルハウス

- 鉄骨住宅。震度7の地震が何度来ても大丈夫だと説明を受けた。オプションで制振ダンパーをくみ込めるし、耐震性は高そう。
- 吹抜けはなかったが、天井高が高いことと、窓の開口部が大きくて開放感があった
- 壁収納におさめられる小さなテーブルがあった。家でのちょっとした仕事に使えそう
- 当日の最高気温は7度なのに、このモデルハウスはエアコンをつけなくても暖かった。

A社のモデルハウス

- 冷蔵庫をパントリーに入れなくても、壁面にサイズの合う大きな収納棚があれば見た目がきれいかも！
- 床暖房はオプションらしいけれど、暖かくていいな
- むくの床材はオプション。でもモデルハウスの床も、むくではないけど一見むく材のように見えるし、水にも強いから便利そう。

B社のモデルハウス

- 木造住宅だが、地震に耐えるための壁が不要だから、窓の開口部も広くできるらしい。
- 木造だけど、実は燃えにくいそう。火災保険料も他の木造住宅に比べて安いのだとか。
- 将来リフォームする際も、柱が少ないから自由度が高いとのこと。→子ども部屋や、老後の二人暮らしに対応しやすいのは○
- オプションで全館空調がある。しかも、外の風を上手く活用するので省エネらしい。

B社のモデルハウス

- 木の香りはやっぱりいいな。
- バルコニーの隣に洗濯物を畳めるようなスペースと、その向こうに大きなクロゼット。こういう間取りなら洗濯がラクになるわね。
- 気象データを参考にした風の通りかたや風量を解析してくれたり、季節や時間ごとの日の入り方なんかも教えてくれるらしい。
- 担当者の受け答えがハッキリしていて○

C社のモデルハウス

- 木造住宅。柱や梁の接合部に独自の構法を用いていて、耐震性が高いらしい。
- リビングの窓側が2階までの吹抜けで、とにかく開放感は抜群！
- 実際に建てる時は日照や通風のシミュレーションをして、窓の位置や部屋の配置を考えた上でプランを提案してくれるそう。
- 独自の壁構造で湿気にも強いみたいだ。

（ワンポイントアドバイス）

モデルハウスで撮影した部屋の様子や設備の写真も貼ってみよう

希望を整理して質問事項をまとめる

住宅展示場で入手した情報をもとに必要な設備や機能などは何か、欲しいものは何かを整理する。それらを話し合うことで、次の住宅メーカーとの打ち合わせでの質問事項が見えてくる。

Must 絶対に取り入れたいこと

リビング内の階段

子ども部屋を収納などで仕切れる間取り

LDKは20畳程度

B社で見た大きな玄関収納

Want できれば取り入れたいこと

太陽光発電やエネファームのような発電設備

キッチンの後ろに壁一面の収納棚

リビングに大きな窓

C社のように室内に洗濯物が干せるサンルーム

意見が分かれた事項

- リビングの窓が大きいと開放感はあるが、防犯上よくないのでは？
- 吹抜けにした場合、光熱費もかかるし、掃除も大変そう。
- 床を全部むく材にするとコストが高くなるのではないか。
- 子ども部屋と別に、C社のように小さいころはダイニングで勉強できるスペースを設ける？　それとも不要？

質問事項

- A社に、B社のような大開口の窓ができるか確認。
- B社にむく材のコストを確認。
- C社に、他社とくらべてどれくらい断熱性能が高いのか確認。
- C社に、ダイニングに子どもの勉強スペースを設けた場合、子どもが大きくなったあとはどんな使い道があるのか確認。

マイホーム完成後のイメージを伝える

家づくりだけではなく、デザインが重要なプロジェクトには完成後のイメージが不可欠。そこで、相手にそのイメージが伝わるように、写真やイラストなどを多めに準備しておこう。

例えば、雑誌の中にイメージにあった写真を見つけたら、切り抜いて裏面に「はがせるのり」をぬり、家づくりノートに貼るとよい。

家づくりプロジェクトの場合

★ リビングのイメージ

窓南向き、木を使ったナチュラルな雰囲気。

★ 寝室のイメージ

ベッドが置ける洋室で、落ち着いた雰囲気。

第6章

学習用ふせんノート

Method

1 ふせんで学習効率を上げる

◎ 板書も自習も試験対策も ふせんに書いて貼りつける

授業で先生が話した内容や板書の内容をメモする際には迷わずふせんに書きましょう。

教室の黒板やホワイトボードは例外なく横長です。ところが、ノートのページは縦長が主流なので、書き写すうちに右側の余白が足りなくなり、いつの間にかノートのメモがピカソとかダリの絵画のようにねじ曲がって不思議な形になってしまいます。

そこで私は、ふせんに書きながらノートに仮貼りして、適宜並べ替えたりズラしたりします。

また、**ふせんに書くと、気付いたことを追記したり、間違えた箇所だけを貼り替えたりすることができます**。これを繰り返すだけでノート自体が成長し、それと一緒に自分自身の理解も深まるわけです。

さらに試験前にはポイントだけを集めてコンパクトにまとめれば、即席の直前対策ノートを簡単に作れます。

学ぶ内容によってはノートを用意するまでもありません。例えば私がファイナンシャル・プランナーの資格取得の勉強をした時には、板書したふせんの量が少なかったので、教科書で対応する箇所の無駄なスペースに貼りました。さらに教科書の回りくどい文章を、ふせん上でイメージ図に変換して一覧するだけで分かるようにし、それを文章の上から貼って、敢えて文章を読めないようにしました。

また、紛らわしくて何度も間違える算式については、ふせんに書いて目立たせて、試験直前に確認できるようしました。

その他、各章の扉のページには、項目ごとの出題傾向をまとめたふせんを貼って、全体像を把握しやすいように工夫すると、直前対策の時にメリハリをつけた追い込みができるようになります。

まずは学習内容を書き出す

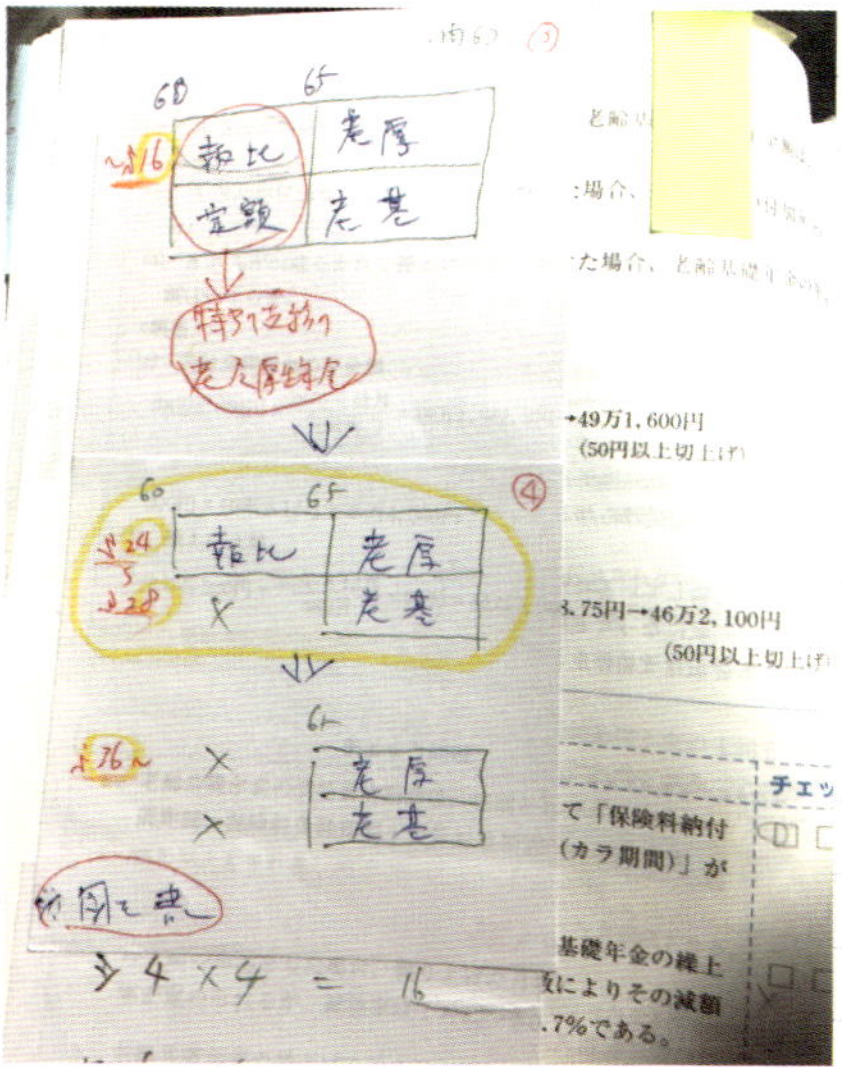

無駄なスペースに貼ったふせん①

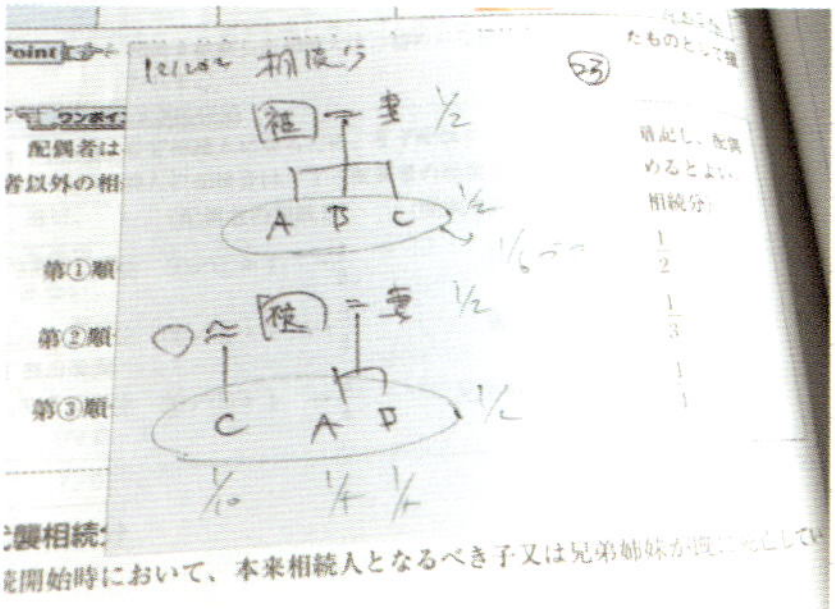

無駄なスペースに貼ったふせん②

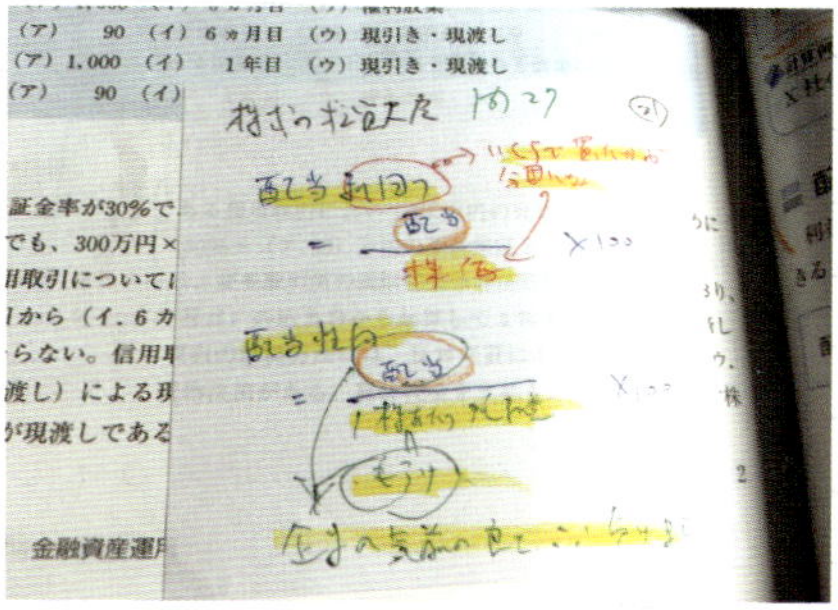

何度も間違える数式のふせん

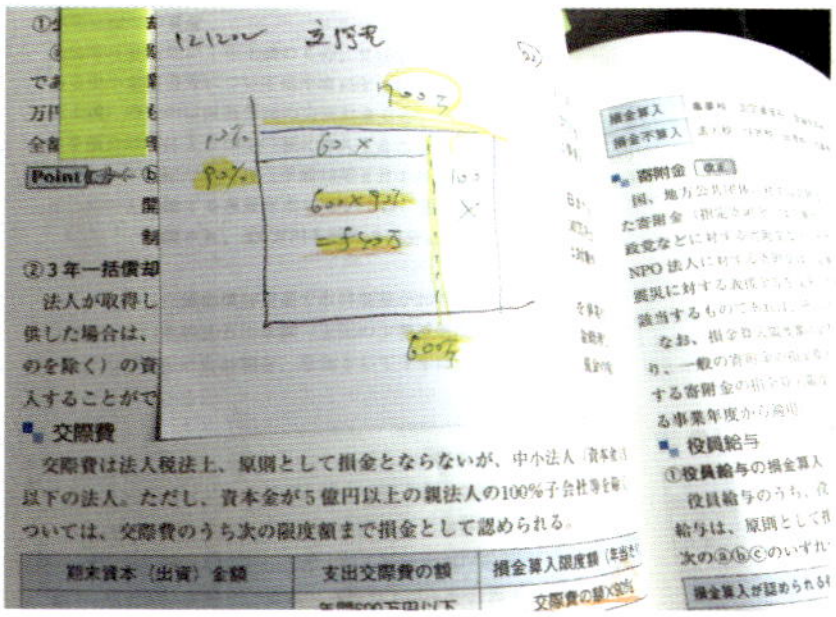

イメージ図に変換したふせん

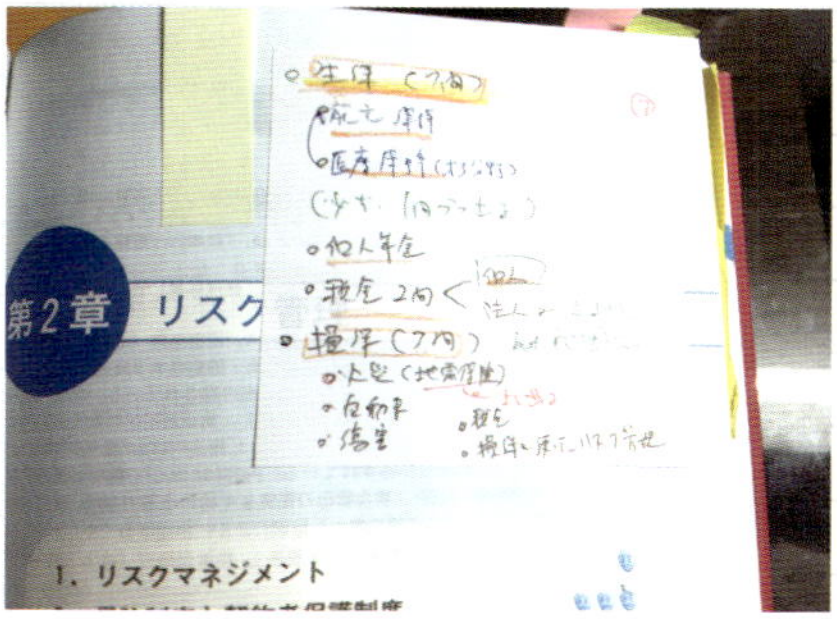

傾向をまとめたふせん

Method

2 要点見出しを教材に貼ろう

◎どこに何が書いてあるのか把握することが習得の第一歩

テキストやマニュアル類（教材）を使って勉強する時にも、ふせんは大きな威力を発揮します。

一般的に教材というものは、情報量がきわめて多く、そのまま使っていると、どこに何が書いてあったのかをすぐには検索できません。

また、レイアウトが無味乾燥なものが多いため、マーカーなどで線を引いたとしても、目当ての情報をすぐには見つけられないことが多いのです。

しかし、教材の中の**重要な箇所にふせんを貼り、そのふせんに要点をまとめて見出しのようにすることで、検索性がグンと向上します**。本文を読まずとも、ふせんだけを見れば重要な箇所が頭に入ってくるので便利です。

要点見出しを作る場合は、大きめのふせんでは教材にはふさわしくないので、小型のふせんを使うのが望ましいでしょう。

また、**重要度によって色分けするのもおすすめ**です。例えば、一番重要な情報は赤、次に重要なのが青、といった具合です。

そうすれば、ひと目見れば最低でもどことどこを覚えればよいのかがはっきり分かります。

試験が近づいてきたら、**要点見出しをすべて教材から剥《は》がして、ノートに1カ所にまとめてしまう**のもおすすめ。

そうすることで、覚えなければならないことを一堂に会させることができますので、暗記がしやすくなります。そして何より、頭の中がスッキリと整理されるのです。

貼るページの概要をメモする

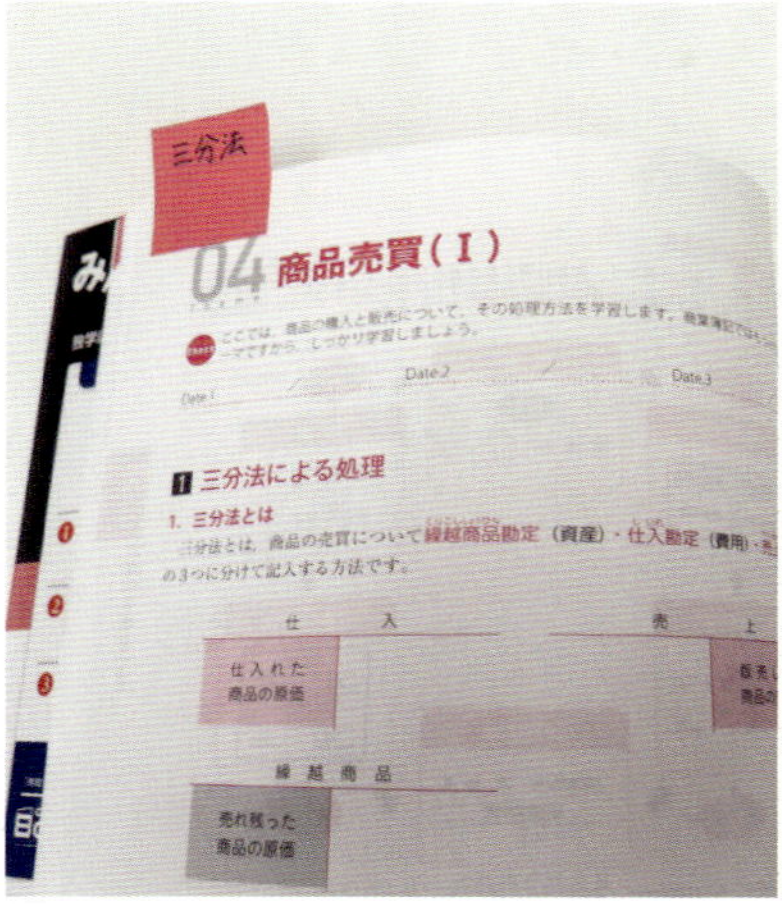

閉じた時に見やすいように、右開きなら左側ページ、左開きなら右側ページに貼る。

POINT

ふせんを貼る場合は本の「天」に貼るべし

教材をはじめ、本にふせんを貼る場合は、できれば「天」と呼ばれる本の上辺に貼るとよい。本の「背」とは逆方向の辺である「小口」の方が広いため、ふせんの数が多いとついここに貼ってしまいがちだが、小口に貼られたふせんは本をめくる際に邪魔になるうえ、粘着力の弱いものだと、剥がれてしまうこともあるからだ。

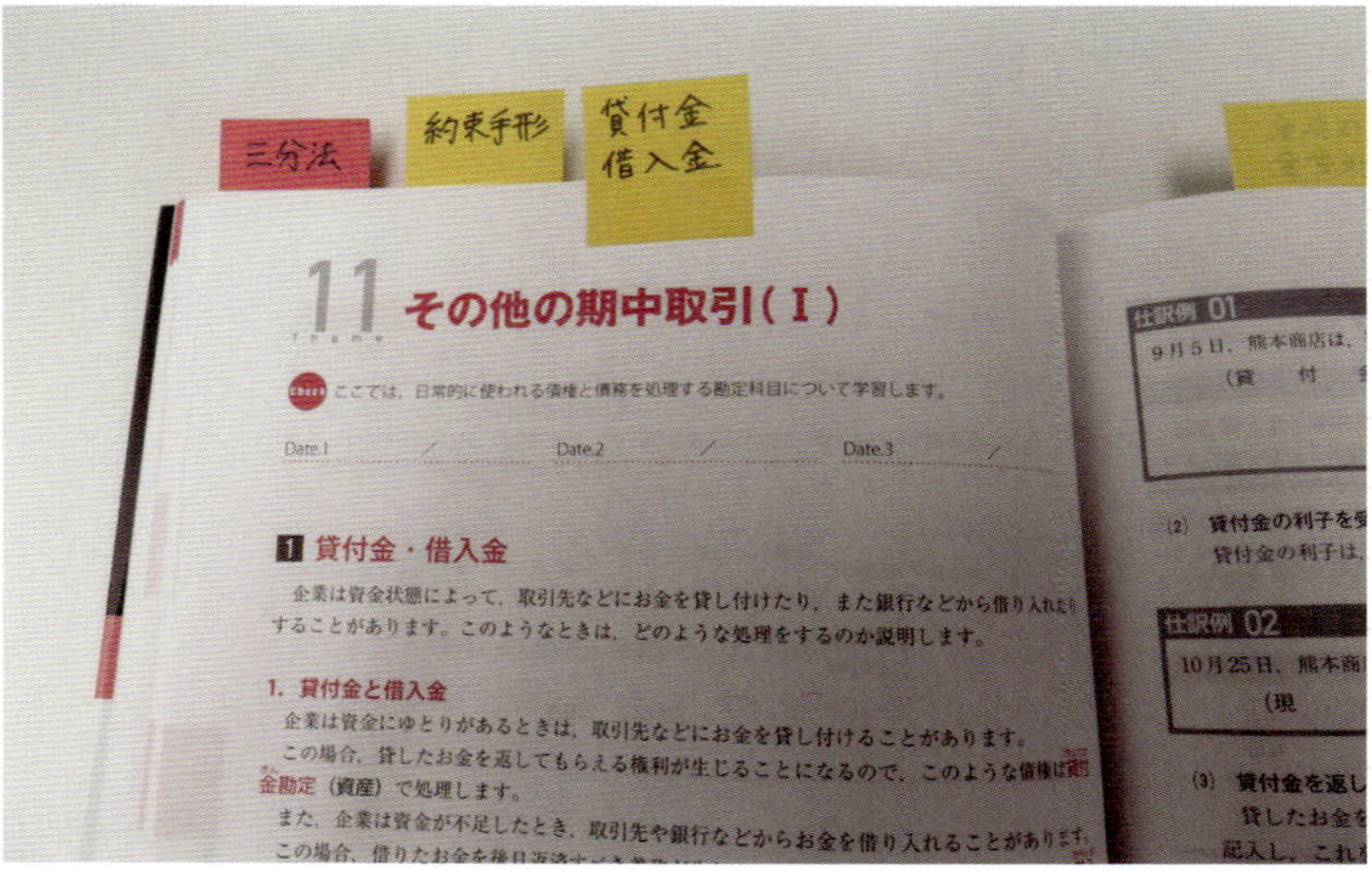

学習する内容によっては、得意な分野や苦手な分野が存在する。そのため、重要な内容が解説されているページに見出しとしてふせんを貼る場合は、難易度別にふせんの色を変えておくと、復習の際に便利。

Method 3

暗記物の学習に威力を発揮

◎ ふせんを有効活用して集中的に暗記する！

ふせんノートは、勉強法そのものを一変させます。

例えば、テキストや参考書、問題集などに直接書き込んでいたメモをすべて透明なふせんに書いて貼るようにしてみましょう。

そうすることによって、あとで訂正や変更がしやすくなるだけでなく、本に直接書き込むことから受ける心理的な抵抗が少なくなります。

また、そういった自分が付け加えたメモがない状態、まっさらな状態にも簡単に戻すことができます。

ふせんが使えるのは参考書や問題集ばかりではありません。ふだん取っているノートにも、直接文章を書かずにふせんに書いて貼るという方法を採ってみるといいでしょう。

そうすれば、あとから並べ替えたり、また、どうにも覚えられないことだけをピックアップしたり、苦手項目だけをまとめることもできるのです。

試験の直前になったら、覚えられない箇所、重要な箇所だけを剥がして1ページにまとめ、そのページだけを集中的に勉強すればよいのです。

この暗記法は、かなり効きます。ただの手書きのノートでこれと同じことをやろうとすれば、大変な手間がかかります。まさにふせんノートの「有効活用」の最たるものといえるでしょう。

それから、本を読む際にも、気になった箇所、心動かされた箇所などにふせんを貼ってメモを書いておけば、読書感想文やレポートを書く時などに便利です。

特に、自分の本ではなく図書館や他人から借りた本などには、このふせんメモが便利です。読み終わった後に剥がして手帳やノートにまとめて貼っておけばいいでしょう。

重要な内容はふせんで強調

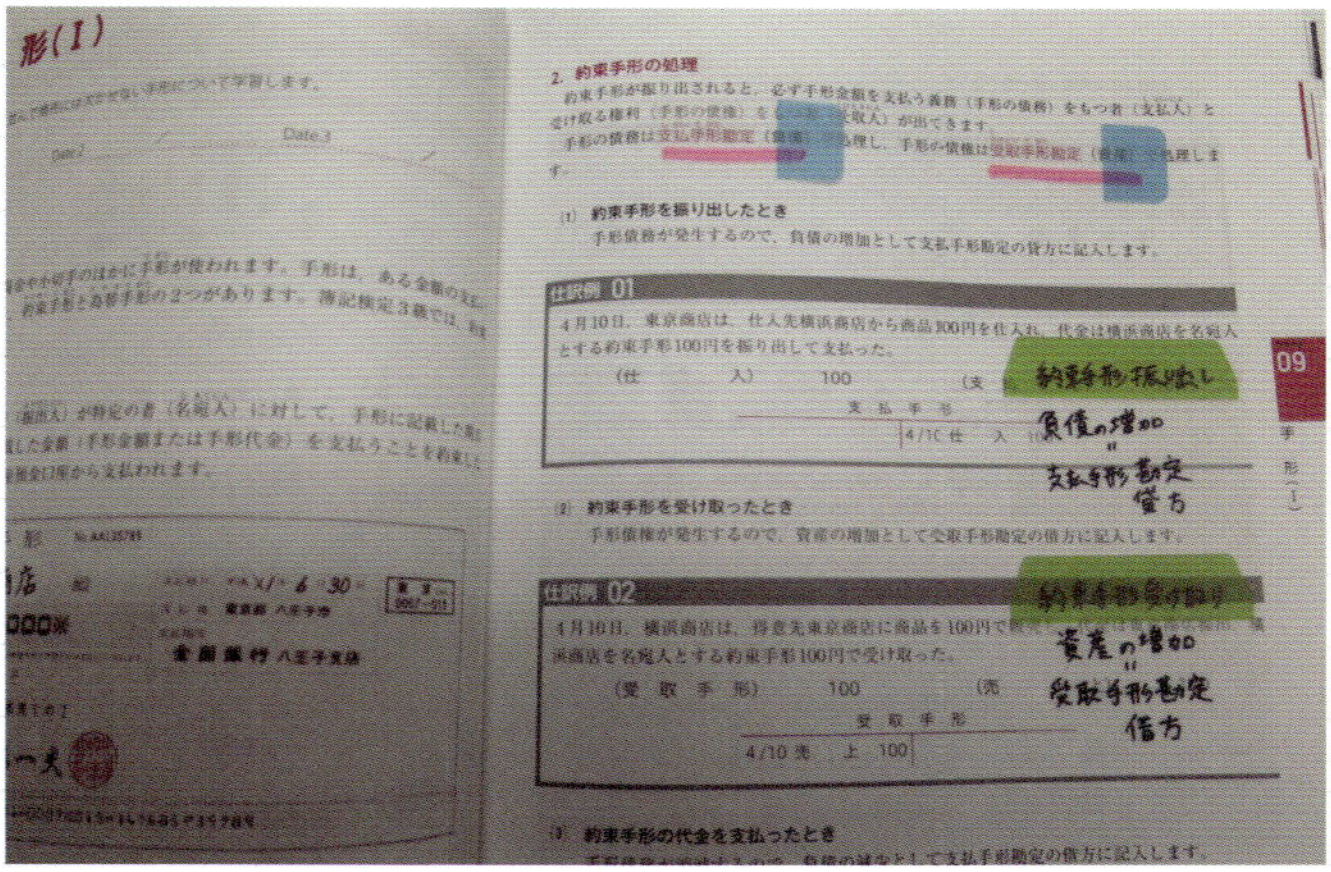

重要な内容は、テキストや参考書に貼った大きめのふせんに要約しておくと、復習の際に何が大切なのかがすぐに分かる。また、フィルムタイプのふせんは文字が透けるので、ふせんを貼った場所に何が書かれているかわかりやすいうえ、ふせん越しにマーカーを引けばテキストを汚さずに済む。

すでに覚えた内容を剥がしたり、逆に定着しない内容を1カ所にまとめたりできる。

POINT

アンダーラインは最小限に留める

テキストの重要箇所に赤ペンでアンダーラインを引いたり、蛍光マーカーで色をつけたり、「テキスト自体に書き込む」ことはポピュラーな学習方法である。しかし、その作業だけで「覚えた」気になっていることも少なくない。一方、ふせんにメモをするために、覚える内容を要約する作業で脳を使うため、定着率がよいのである。

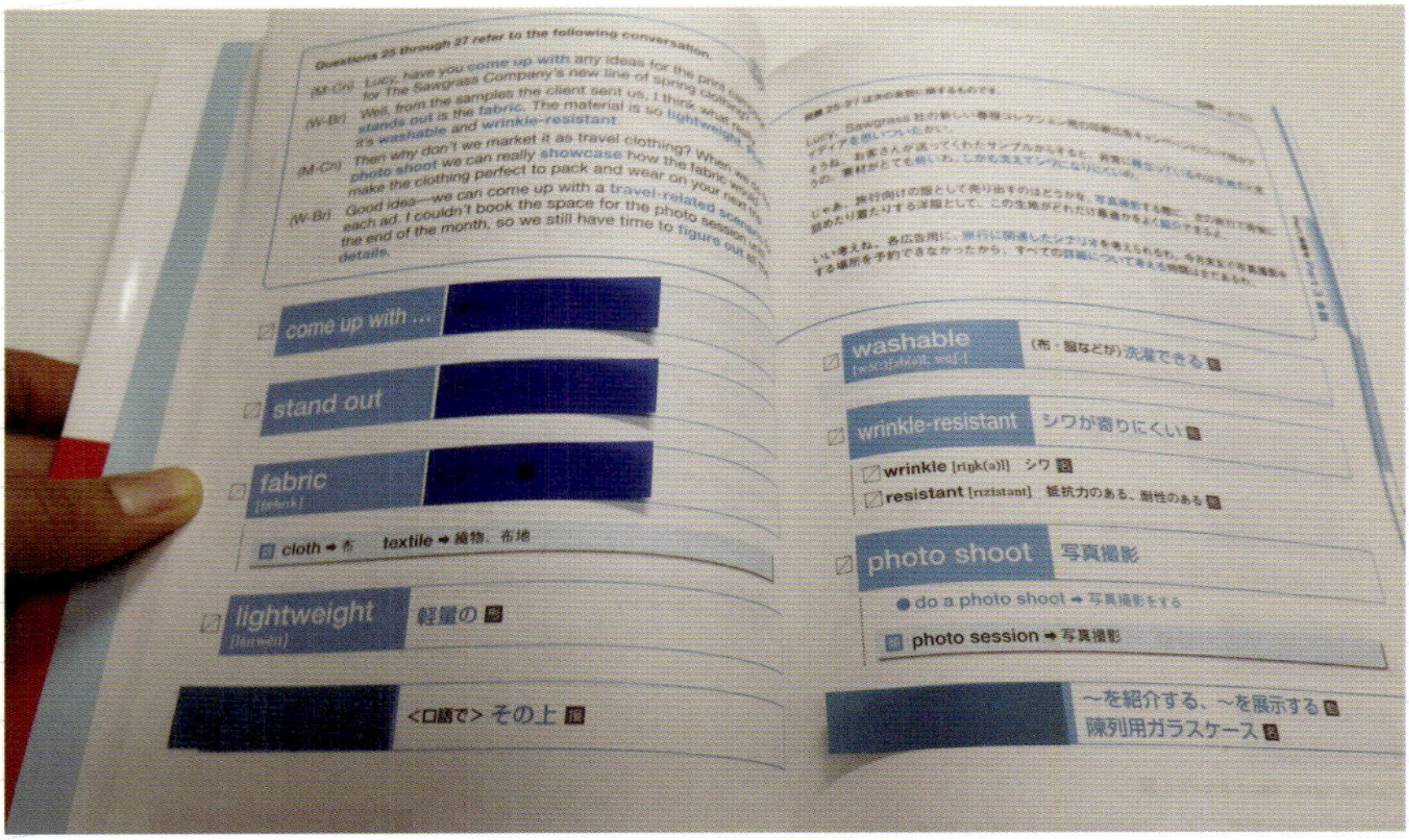

英語の習得に必要な語彙力（ごいりょく）を培うために、暗記したい箇所をふせんで隠す「暗記シート」の代わりに使うこともできる。ふせんなら確認の際は簡単に剥がせるうえ、暗記シートと違いマーカーで塗りつぶす必要がないので、暗記してしまった後は、ふせんを剥がせば教材はきれいなまま。

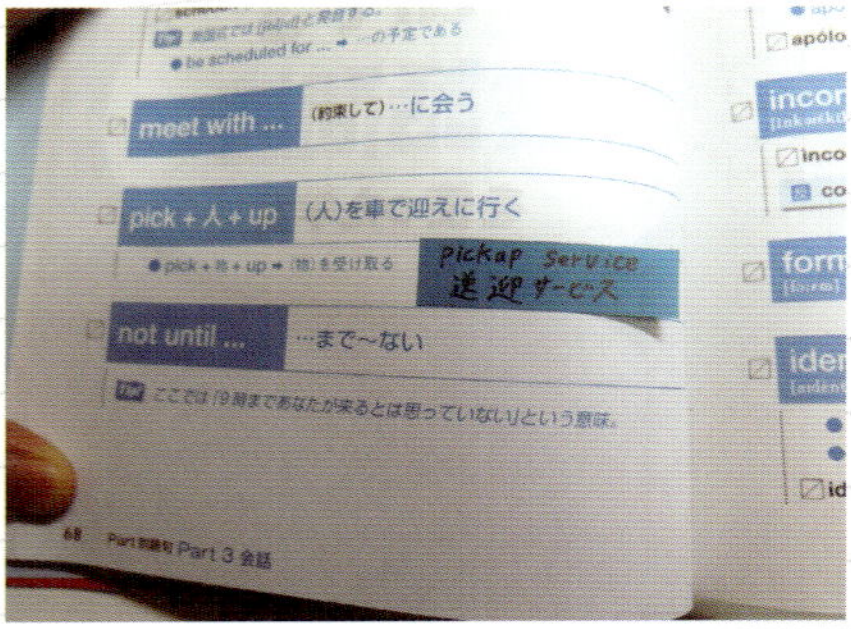

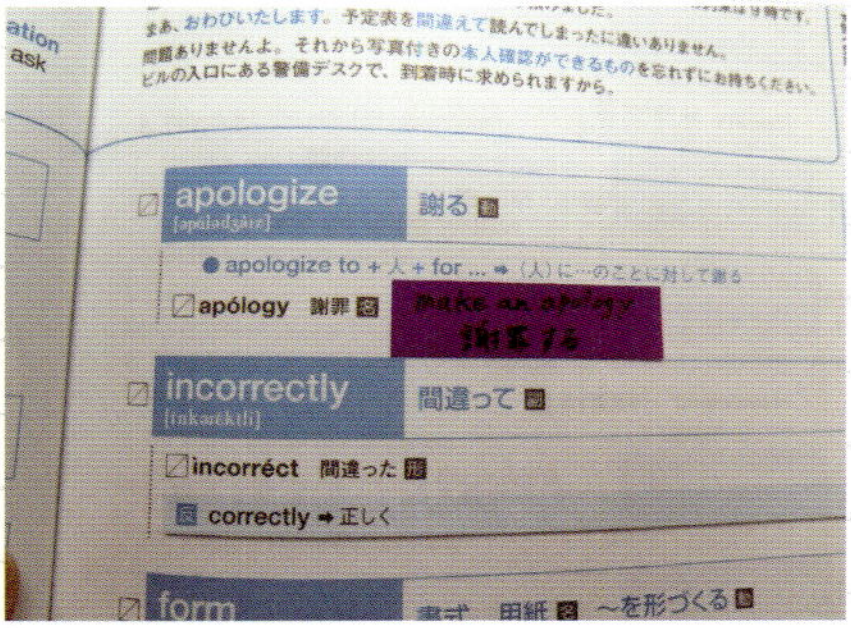

英語の教材に出てきた単語や慣用表現に対して、ふせんを使って＋αを書き込んでもよい。特に英語は語彙力の豊富さが内容理解を左右するので、関連する単語や言い回しを調べ、ふせんに書き込んで貼ろう。動詞、名詞、慣用表現などでふせんの色を変えておくと記憶の整理がしやすい。

第7章

ふせんマップ三兄弟

Method 1

あなたの脳が天才になる ふせんマップ三兄弟

◎ 潜在意識をフル活用して埋もれた潜在能力を引き出せ

「企画やプロジェクトを任されたことは嬉しいが、よいアイデアが浮かばない」「コラムの執筆を頼まれたけど、どこから手を付けて何をどう書けばよいのだろう？」「論文をまとめる時間がない」「思考が散漫で、レポート1枚にうまくまとめられない」

あなたにも、こんなふうに悩んだ経験はありませんか？ もし心当たりがあれば正常です。なぜなら、それが脳の仕組みだから。〝アイデア〟とは思いつくものではなく、「ひらめき」や「気付き」をジグソーパズルのように組み合わせて想像力や創造力をフル活用して、初めて出来上がるものなのです。

ところで、**脳の領域のうち「意識」はたった1割にすぎず、残りの9割は「無意識」**だと言われます。無意識の中には、図のように記憶や経験、暗黙知や感情、心や第六感など、ありとあらゆる宝物が埋もれています。そして、この無意識のパワーを意識的に活用するのが「引き寄せ」とか「瞑想《めいそう》」と呼ばれるメソッドです。**普段私たちが何かを考える時も同じで、私たちの「意識」が「無意識」に向かって質問をしているにすぎません。**

スマホやパソコンで検索した情報はヒントにこそなりますが、そこに答えはありません。つまり答えは外側ではなく、あなたの内側にあるということ。そして、あなたの内側に隠されている宝物を探すためのツールこそが、ふせんマップ三兄弟です。

ふせんマップ三兄弟とは、ふせんを使って3大アイデア発想法を串刺しにしたツールです。具体的には、ふせん版マンダラチャートである「マンダラふせんマップ」、ふせん版ＫＪ法である「ＫＪふせんマップ」、ふせん版ストーリーマップである「ストーリーふせんマップ」の3つから構成されています。

意識と無意識

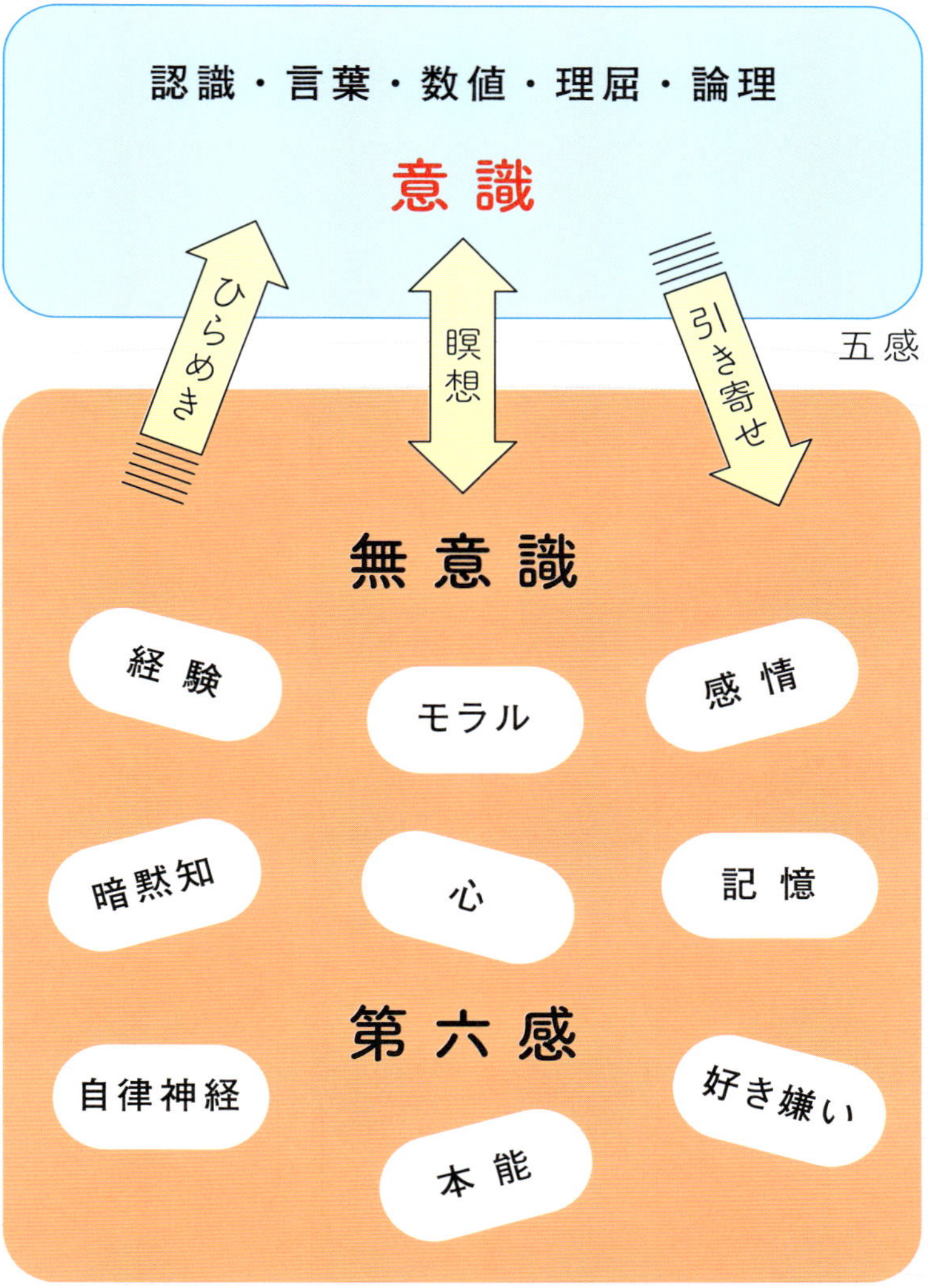
認識・言葉・数値・理屈・論理
意識
ひらめき
瞑想
引き寄せ
五感
無意識
経験
モラル
感情
暗黙知
心
記憶
第六感
自律神経
好き嫌い
本能

Method

2 究極のひらめきハンターマンダラふせんマップ

◎ひらめきが芋づる式にあふれ出すスゴ技

ふせんマップ三兄弟のトップバッターは、ふせん版マンダラチャートである「マンダラふせんマップ」です。マンダラチャートは、松村寧雄氏が開発されたアイデア思考法で、**9つの正方形のセル（3×3のマス）を作って真ん中のセルにテーマを書きます。そのテーマを囲む8つのセルにテーマから連想されるキーワードやアイデアを埋めていき、半強制的に思考をストレッチするというメソッド**です。

このマンダラチャートとふせんノート術とは相性が抜群です。A4ノートの後ろの見開きをマンダラチャート用の〝ひらめきページ〟として使い、そのページの見開きA3紙面中央付近にメモ済みふせんを1枚貼りつけます。新たなテーマを書いて貼っても構いません。元祖マンダラチャートでは、この周辺に8つのマス目をイメージして、真ん中のテーマから連想されるキーワードを埋めていきます。

でも、ふせんノート版の「マンダラふせんマップ」では、さらに1歩進めて中央に貼ったテーマふせんの周囲に8枚の白紙のふせんを貼り付けます。その8枚のふせんにテーマから連想されるキーワードを書いていくのです。

さて、ここからが「マンダラふせんマップ」の本領発揮です。その8枚の中で、さらに思考を展開したり掘り下げたりできそうなふせんをピックアップして、前後のページに貼り付けます。そして、同じ要領でその周囲にさらに8枚の白紙のふせんを貼り付けてキーワードを書きます。そうすることで、**事実上無限に思考の深掘りと拡散ができる**というカラクリです。また、8枚のふせんの周囲にさらに白紙のふせん16枚を貼り付ける方法もあります。標準的なマンダラチャートはここで作業が終了します。

マンダラふせんマップを開始！

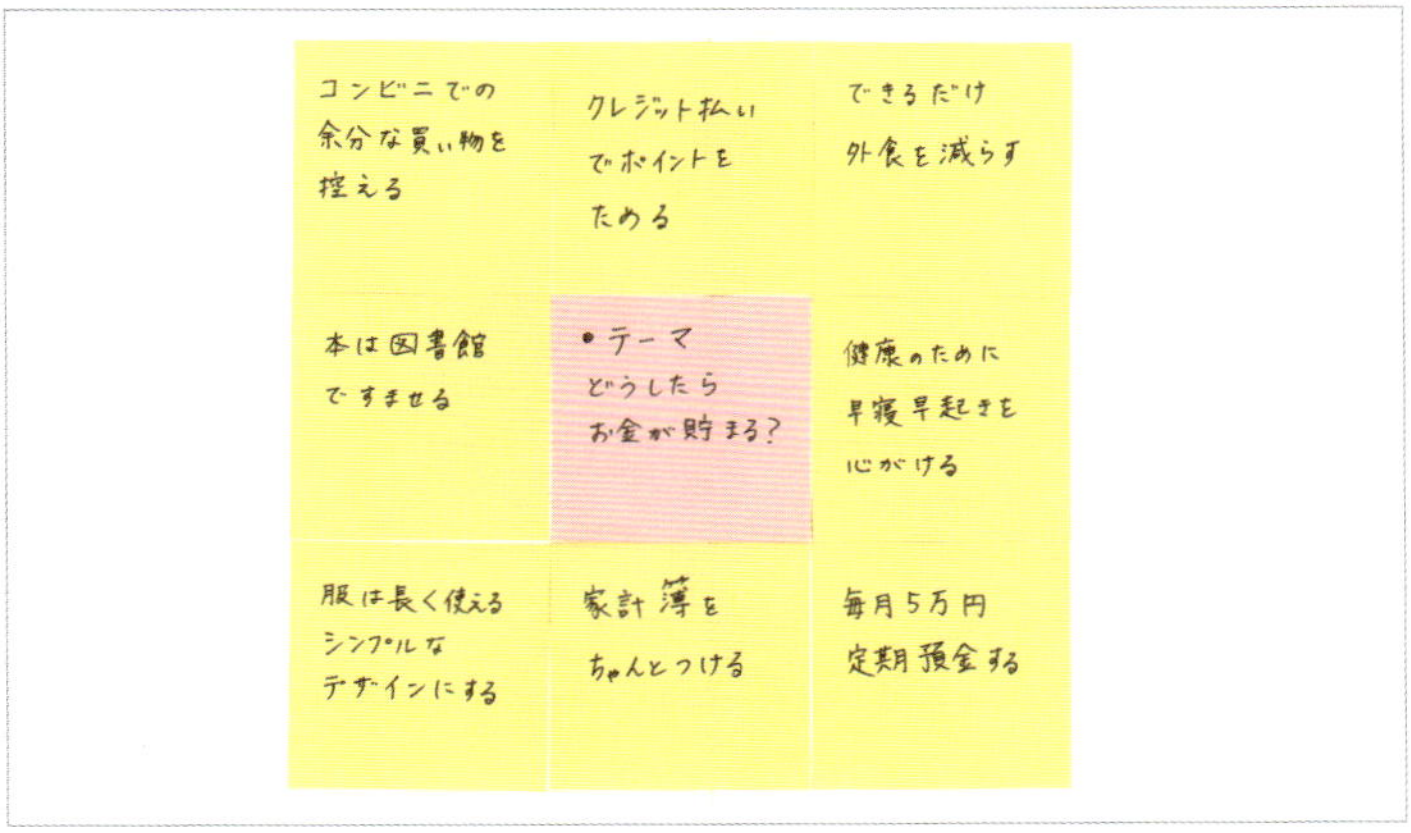

ふせんを３×３で並べ、中央にテーマ、周囲にテーマから連想したキーワードやアイデアを記入。

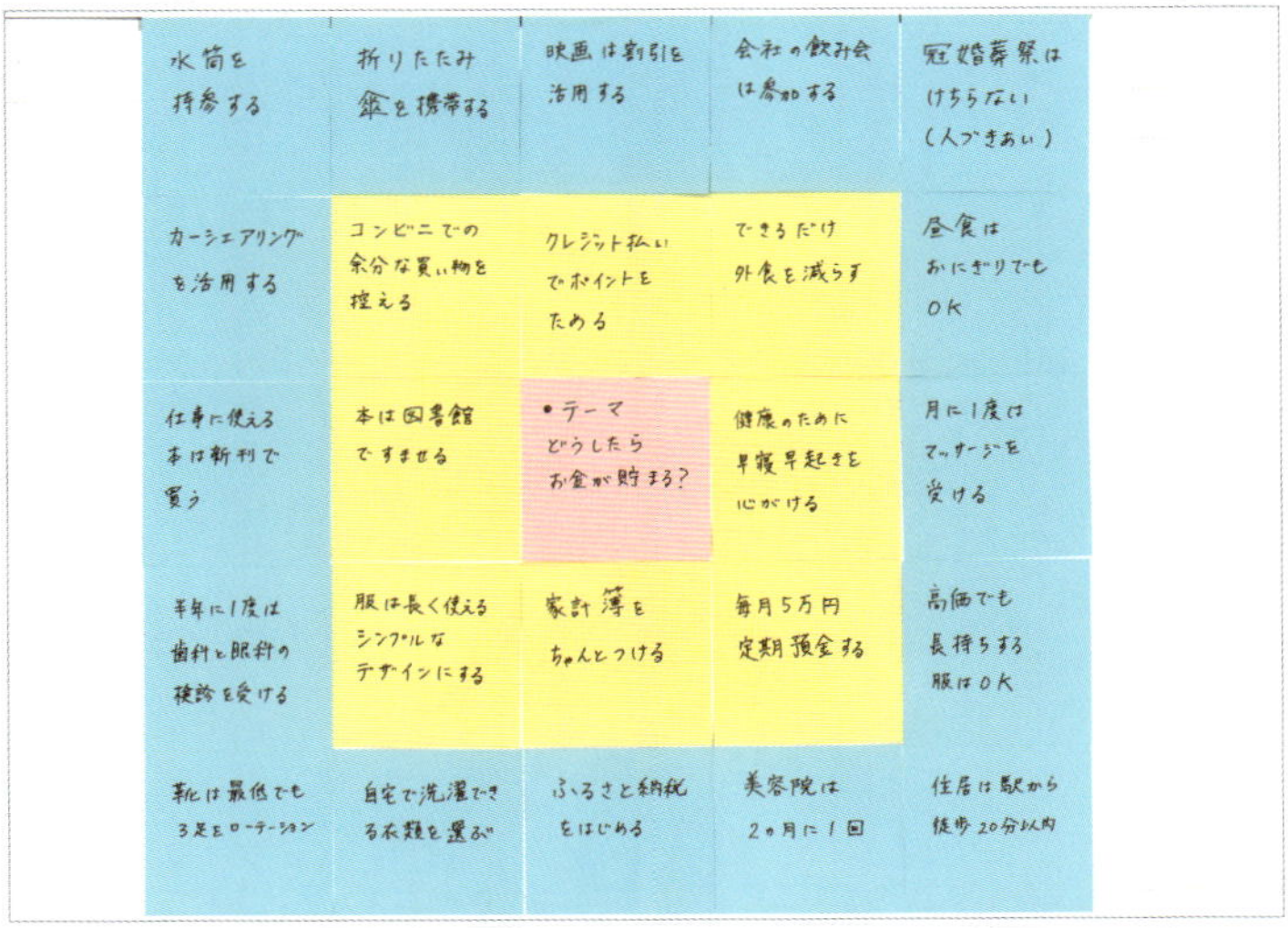

よりイメージを広げたい場合は、８枚の周りに16枚ふせんを追加し、そこに最初の８枚に書ききれなかったキーワードやアイデアや、８枚に書いた内容からさらに思いついたことを整理して記入する。

Method

3

アイデアを量産するKJふせんマップ

◎ひらめきを濃縮してアイデアを抽出する

ふせんノート術ではここからターボがかかります。マンダラふせんマップでアウトプットした〝アイデアの素〟を、今度は「KJ法」で串刺しにします。KJ法とは、文化人類学者の川喜田二郎氏がデータをまとめるために考案した発想法です。

最初に、「マンダラふせんマップ」ページの前後の見開きに「KJふせんマップ」用のページを作ります。「マンダラふせんマップ」で使ったふせんを再利用してそこに貼り替えるのですが、その際に関連性のあるふせん同士をグルーピングしながら貼り替えます。そして、切り口を変えて揺さぶりをかけながら思考を四方八方に膨らませます。

複数のふせんをグルーピングすると、新しい発想が生まれやすくなります。そこに、他のグルーピングから生まれた別の切り口での課題やアイデアを組み合わせることができるので、図のように思考が展開していく、というわけです。

こうして脳みそに揺さぶりをかけながら、新しい着想が浮かんだら、新しいふせんにさらにキーワードを書いて追加します。ここでふせんの色を変えると思考過程を振り返りやすくなります。

「KJ法」にて串刺しにされる〝ネタ〟は、「マンダラふせんマップ」上の思考の連鎖によって抽出されてきた密度の高いキーワードばかりです。「マンダラふせんマップ」では、連想ゲームのように外へ外へと無限に広がる思考の連鎖の効能で、「新しいネタ」がどんどん増えていきます。

こうして膨らんだアイデアが、**KJ法により濃縮還元されて、そこから新たな気付きや課題や解決策が生まれていく**わけです。

マンダラふせんマップのアイデアを濃縮するKJふせんマップ

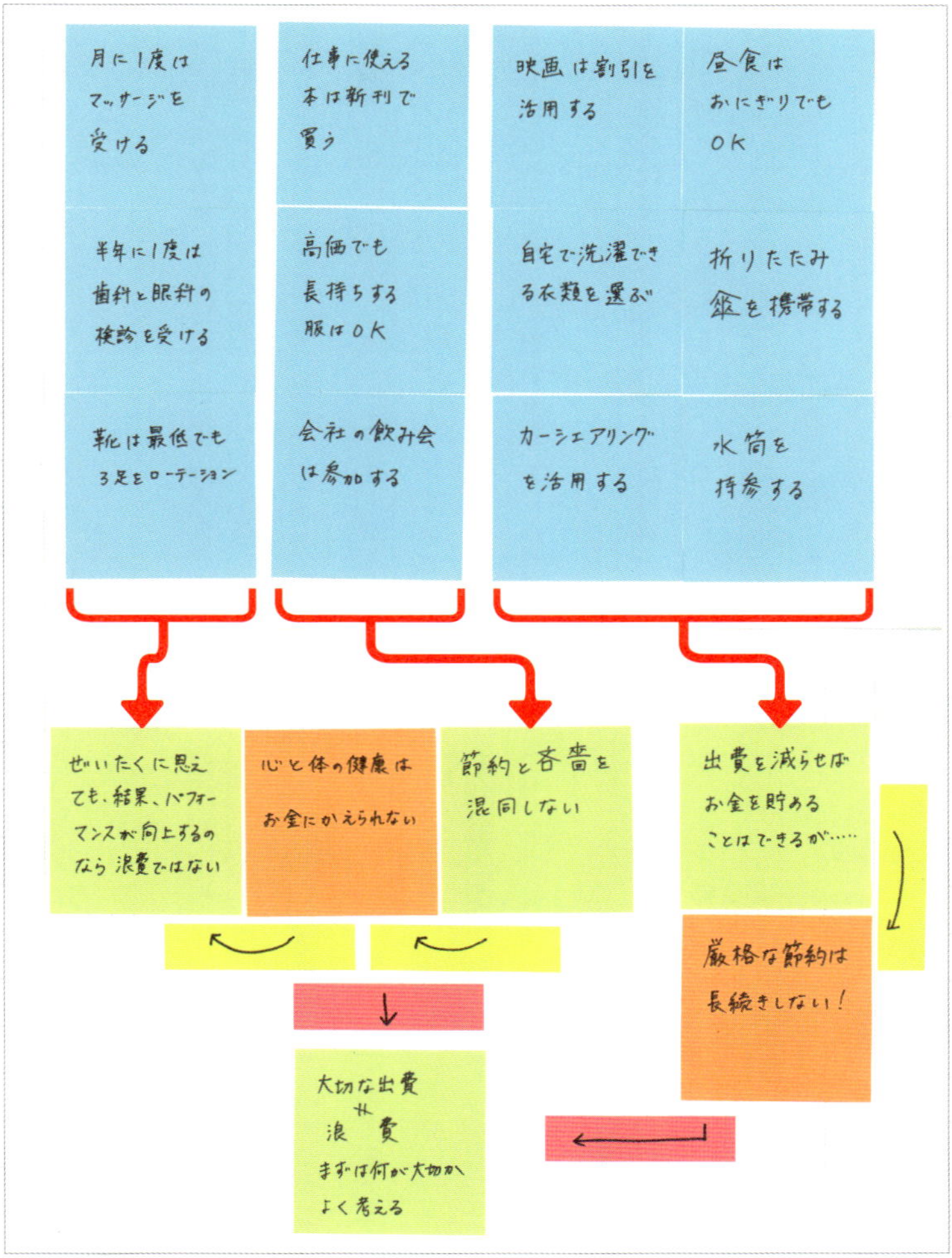
月に1度は
マッサージを
受ける
半年に1度は
歯科と眼科の
検診を受ける
靴は最低でも
3足をローテーション
仕事に使える
本は新刊で
買う
高価でも
長持ちする
服はOK
会社の飲み会
は参加する
映画は割引を
活用する
自宅で洗濯でき
る衣類を選ぶ
カーシェアリング
を活用する
昼食は
おにぎりでも
OK
折りたたみ
傘を携帯する
水筒を
持参する
ぜいたくに思え
ても、結果、パフォー
マンスが向上するの
なら浪費ではない
心と体の健康は
お金にかえられない
節約と吝嗇を
混同しない
出費を減らせば
お金を貯める
ことはできるが……
厳格な節約は
長続きしない！
大切な出費
≠
浪費
まずは何が大切か
よく考える

写真上は、91ページのマンダラふせんマップで浮かび上がってきたアイデア（外側のふせん16枚）から、共通項で括ってグルーピングしたもの。KJ法では、写真下のように、グルーピングされたアイデアを分析し、新しい課題を発見する。その課題を解決するために、より深いアイデアを絞り出す。

Method 4

あなた専属のゴーストライター ストーリーふせんマップ

◎ふせんを貼り替えるだけでレポートが完成する！

「マンダラふせんマップ」と「KJふせんマップ」を経て精製されたキーワードを、最後に「ストーリーふせんマップ」に放り込みます。それだけで企画書や報告書といった「形」で整えることができます。

レポートを作成する目的は、企画や提案を、上司や本部、お取引先等に明快に理解していただくことにあります。そのためには、ポイントを分かりやすく整然とまとめなければなりません。

具体的には、テーマ（件名）、結論、理由の3点は必須ですし、レポートに書く順序もこの順番です。従って、ふせんについても同じ順番でノート紙面へ貼り付けていくことになります。案件によっては、前提条件や参考データ、経緯・背景等も追記します。

まず、「KJふせんマップ」ページの前後の見開きに「ストーリーふせんマップ」用のページを作ります。次のページの図のように、テーマとなるふせんメモを貼り付けるのですが、通常は「マンダラふせんマップ」と「KJふせんマップ」で使ったテーマを流用します。**前の2つの作業で使ったふせんを『テーマ』『結論』『理由』『背景・ニーズ』といった項目で順番にグルーピングしながら貼り付けます。**さらに、ふせんノートの時系列の紙面に並んでいるふせんメモの中から、そのテーマに関連しそうなものを拾ってきて貼り付けます。

実際にやってみるとよく分かるのですが、この作業自体はシンプルです。ふせんの内容を1枚1枚見ながら、どの項目に当たるかを判断して、機械的に振り分けて貼るだけで完成するからです。

あとは、『テーマ』『結論』『理由』の順番に、ふせんの内容をパソコンに打ち込んでいくだけでレポートが完成する、という仕掛けです。

ストーリーふせんマップのイメージ図

テーマ
・テーマ
どうしたら
お金が貯まる？
結論
大切な出費
≠
浪費
まずは何が大切か
よく考える
メリット
出費を減らせば
お金を貯める
ことはできるが……
節約と吝嗇を
混同しない
ぜいたくに思えても、結果、パフォーマンスが向上するのなら浪費ではない
ニーズ
仕事に使える
本は新刊で
買う
高価でも
長持ちする
服はOK
会社の飲み会
は参加する
靴は最低でも
3足をローテーション
半年に1度は
歯科と眼科の
検診を受ける
月に1度は
マッサージを
受ける

「ふせんマップ三兄弟」の関係

この章のMethod 2～4で紹介した3種類の「ふせんマップ」は、個々でも効果的なアイデア整理法だが、串刺しにされた団子のように、連続して用いることでより質の高いアイデアに到達できる。3種類のふせんマップがどのような働きをしているのかを、料理に例えて具体的に解説しよう。

マンダラ
ふせんマップ

〈材料の買い出し〉

テーマに基づいて、どんな料理を作るかを考えてその料理にあった食材など（ひらめき・情報など）を買いそろえる段階。

KJ
ふせんマップ

〈調理〉

素材にあった調理方法（グルーピング）で煮込んだり、ローストしたりしながら最高の料理（アイデア）を作る段階。

ストーリー
ふせんマップ

〈盛り付け〉

料理（アイデア）が美味しそうに見えるように、食事の場面にあった器を用意して（ストーリー）、料理をきれいに盛り付けようとしている段階。

第8章

技アリ
ふせん活用法

ふせん活用法／1

セパレートタイプで 重要ポイントを要チェック!!

1枚で二度 役に立つふせん

ふせんの一部が切り離せ、ブックマーク機能と重要ポイントのチェック機能の二役をこなしてくれる「ココサス」。写真上のようなラブリーなアニマルデザインや、写真左のシンプルなもの、さらに人気キャラクターとのコラボ商品まで、バラエティ豊富な点も魅力（販売：株式会社ビバリー 本体価格￥360～￥420）。

ふせん活用法／2

イケメンパワーで
乾燥したオフィスに潤いを！

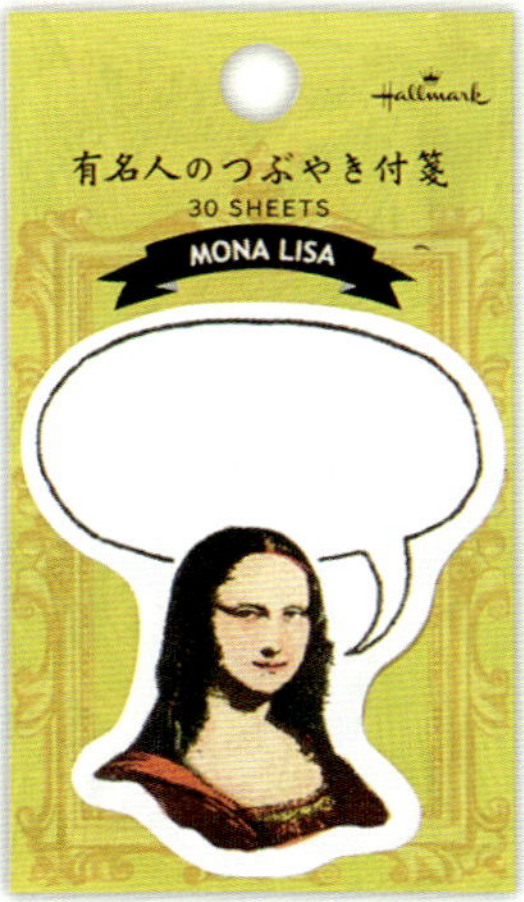

お好みの男子を探しだす楽しみ

「イケメンからの伝言」という遊び心の効いたデザインが女性から支持されている、『イケメン付箋』シリーズ。教師、医師、ホスト、執事など種類が豊富なうえ、細かいキャラクター設定も魅力的。アインシュタインやモナリザを使った有名人シリーズも人気（販売：株式会社日本ホールマーク 本体価格：¥380）。

ふせんの新しいかたち "ロールタイプ"のフィルムふせん

リフィル交換で長〜く使える

デスクに立つためメモしたい時に見つけやすい『スット』。中身のふせんはミシン目入りのロールタイプで、必要な長さで使える。別売のリフィルを詰め替えて、繰り返し使用可能。スタンドをたためばジョッタ（→P44参照）としても使える（販売：株式会社カンミ堂　本体価格：￥620）。

ペンと一緒にスマート収納

ペンサイズのケースに、ロールタイプのふせんを3色内蔵した、ペン感覚で持ち運べる『ペントネ』。ふせんは『スット』と同規格なので、入れ替えて使うことができ、カスタマイズが楽しめる（販売：株式会社カンミ堂　本体価格：￥740）。

ふせん活用法／4

好きな場所に
挟んで持ち歩ける最新ふせん

本、手帳、書類
自由にセットできる

2017年2月下旬に発売予定の「クリップココフセン」は、本や書類、さらに新聞紙や通勤鞄にも挟んで手軽に持ち歩けるクリップ型のフィルムふせん。読書の際など、気になる部分にすぐマークでき、ふせんを探す手間いらず。キュートな角丸タイプのふせんもある（販売：株式会社カンミ堂　本体価格￥420）。

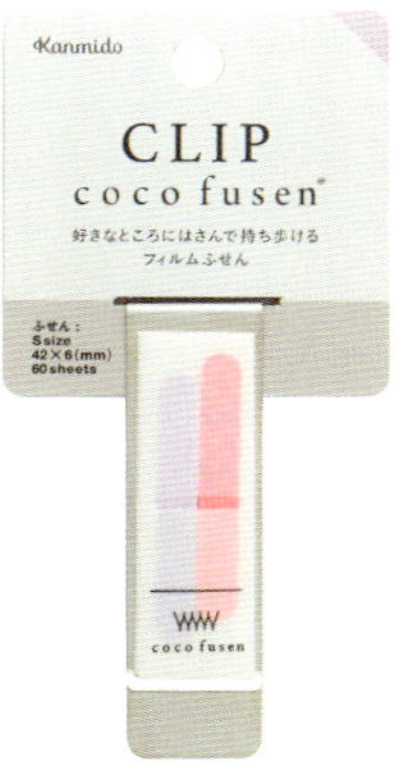

ふせん活用法／5

キュートなふせんで楽しくスケジュール管理

どれを使おうか選べる喜び

フィルムタイプと紙タイプのミニふせんが6種類1セットになった、『Schedule Marker』。それぞれ形がかわいいので、何を使うか選ぶだけでも楽しくなってしまう。A6やB6サイズの手帳だと、台紙ごと手帳カバーに差し込めて非常に便利(販売:株式会社マインドウェイブ　本体価格:¥380)。

ふせん活用法／6

スマホにぴったりの コンパクト×便利なふせん

全面のりなので剥がれにくい

3種類のミニふせんとメモふせん1つがセットになった『スマホにふせん』は、その名の通り、スマートフォンのケースへの貼り付けや、台紙ごと収納することができる。全面のりのためしっかり貼り付き、大切なメモをなくす心配なし！（販売：株式会社マインドウェイブ　本体価格：¥350）

ふせん活用法／7

歴史の記録が
するする頭に入ってくる!?

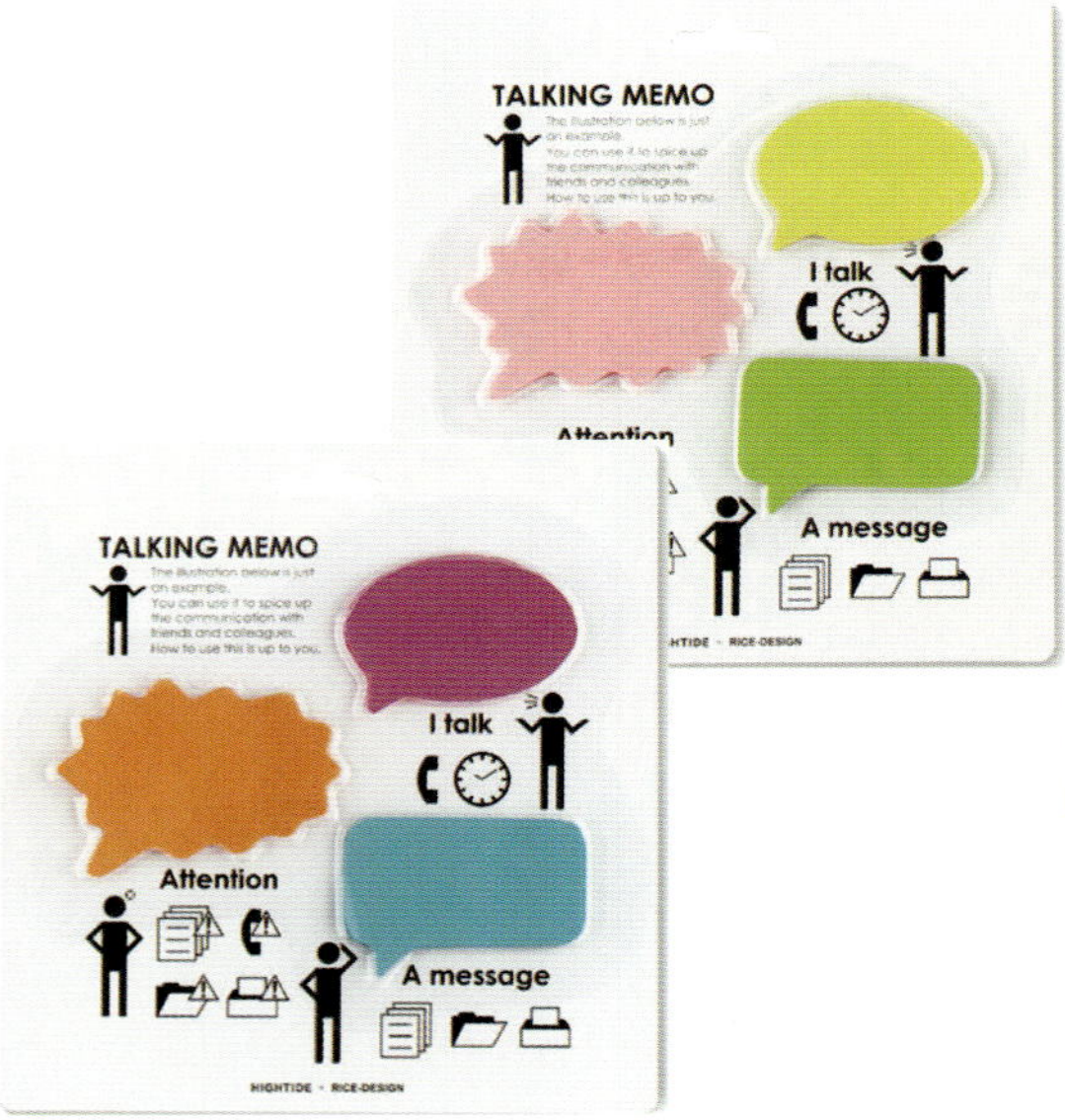

ビビッドな色で
視線を釘付け！

マンガの吹き出し型をしたふせん『TALKING MEMO』。カラフルな色使いのため、何に使っても目立つこと間違いなし。暗記すべきことをメモして歴史上の偉人の肖像に貼れば、まるで彼らが語りかけてくるようで記憶力もグンとUP！　２種類あり（販売：株式会社ハイタイド　本体価格：￥380)。

第9章

ふせん式
夢実現シート

Method 1

書いた人から順番に夢がかなう「ふせん式夢実現シート」

◎ふせんに書いて貼り替えるだけで夢が実現！

プライベートカンパニーという自分法人を作って家族と一緒に副業をすると、誰でも簡単にお金持ちになれます。詳細は拙著『とにかく妻を社長にしなさい』に譲りますが、私はこれを妻社長メソッドと呼んでいます。そして、一人でも多くの方に妻社長メソッドを実践して欲しいと思い妻社長育成コースというプログラムを作りました。その中で最初に受講生の皆さんに取り組んでいただく作業が、第9章で紹介させていただく「夢実現シート」です。

プライベートカンパニーを作って副業するだけなのに、**なぜ夢実現シートを作るのか？ それは、それだけで夢が叶うからです。**妻社長育成コースの卒業生の皆さんも続々と夢をかなえ始めています。

そこでここでは、ふせんを使って夢実現シートを作り上げる手順をお伝えします。

(1)まず最初に3種類の「夢素材シート」を作ります。詳しくはMethod2で説明します。

(2)次に「ミッション再発見シート」を作って、そこに「夢素材シート」に貼ったふせんを貼り替えます。詳しくはMethod3で説明します。

(3)さらに「学びと成長と行動のワークシート」を完成させます（Method3）。

(4)そのうえで、今まで作ったシートを参考にしながら、「ストーリー構築シート」を作ります（Method4）。

(5)最後に、これまで作ったシートのふせんを夢実現シートに貼り替えて、完成です（Method5）。

作業を始める前に、次ページを参考に「夢素材シート@未来」を使って練習してみましょう。

Ｐ１０７からＰ１１５で紹介しているシートの台紙は読者限定で無料プレゼントしていますので、詳しくは巻末をご覧ください。

夢素材シート@未来

【ルール】

①「未来」について、頭に思い浮かぶ単語をふせんに書いて貼る。

② ふせん１枚について、単語１個を書く。

③ 使うふせんは赤色で、中央を除く24マスに貼る（１マス２枚貼り付け可能。最大48枚）。

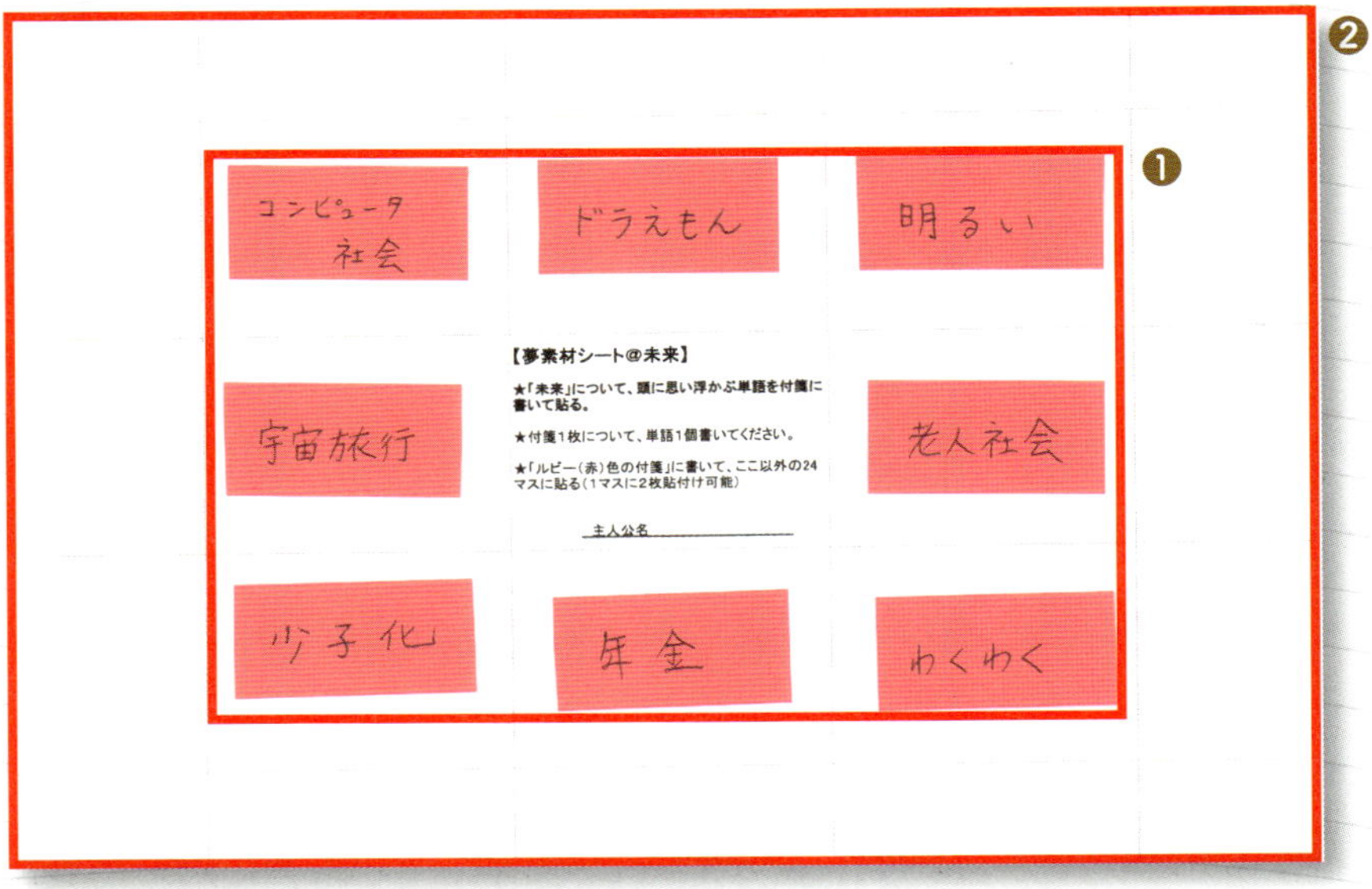

❶ 内周の８マスから埋める。ふせんを貼ってから書き込んでも、ふせんに書いてから貼ってもOK。

❷ 深く考えるよりもひらめきを大切にして80秒ですべてのマスを埋める。

Method 2

負の感情は捨て去りシートのマスを埋めよう

◎自信がない・面倒くさい恥ずかしいは考えない

「夢素材シート@未来」での練習を終えたら、次からは本番です。「ふせん式夢実現シート」の素材となる、3種類の「夢素材シート」を完成させなければなりません。手順とシートの構成は「夢素材シート@未来」と同じで、中央に書かれたテーマが異なるだけです。

第一の夢素材シートのテーマは、「①趣味・好き・欲しい」になります。自分の趣味、好きなこと、欲しいものだけでなく、子どもの頃の夢や、どんな職業に就きたかったのか、どんな人物になりたかったのか、一番大事にしている価値観などです。

さらに、伸ばしたい才能や開花させたい能力、学びたいこと、お金や時間や自信があればやりたいことなど、思いつくままにふせんに書いてマスを埋めていきましょう。

なお、格好つける必要はありませんが、恥ずかしがって書きたいことを我慢すると意味がないので、自分の気持ちに素直になりましょう。

第二の夢素材シートのテーマは「②特技・才能・奇特」です。他人から褒められた、すごいと言われたこと、羨《うらや》ましがられたこと、さらに、他人に喜ばれたり感謝されたりしたことを書き出しましょう。また、自称、他称を問いませんので、マニア、オタク、フェチと呼ばれることでもOKです。

第三の夢素材シートのテーマは「③家族・健康・お金」です。ここではより具体的に、家族や健康について、家族の夢は何か、家族のサポートや自立に何が必要か、夢を叶えるのに必要な時間や収入・資産について書きましょう。

パートナーがいる場合は、客観的に各シートをチェックしてもらうとよりよくなります。

３種類の夢素材シート作成

①趣味・好き・欲しい（オレンジのふせん使用）

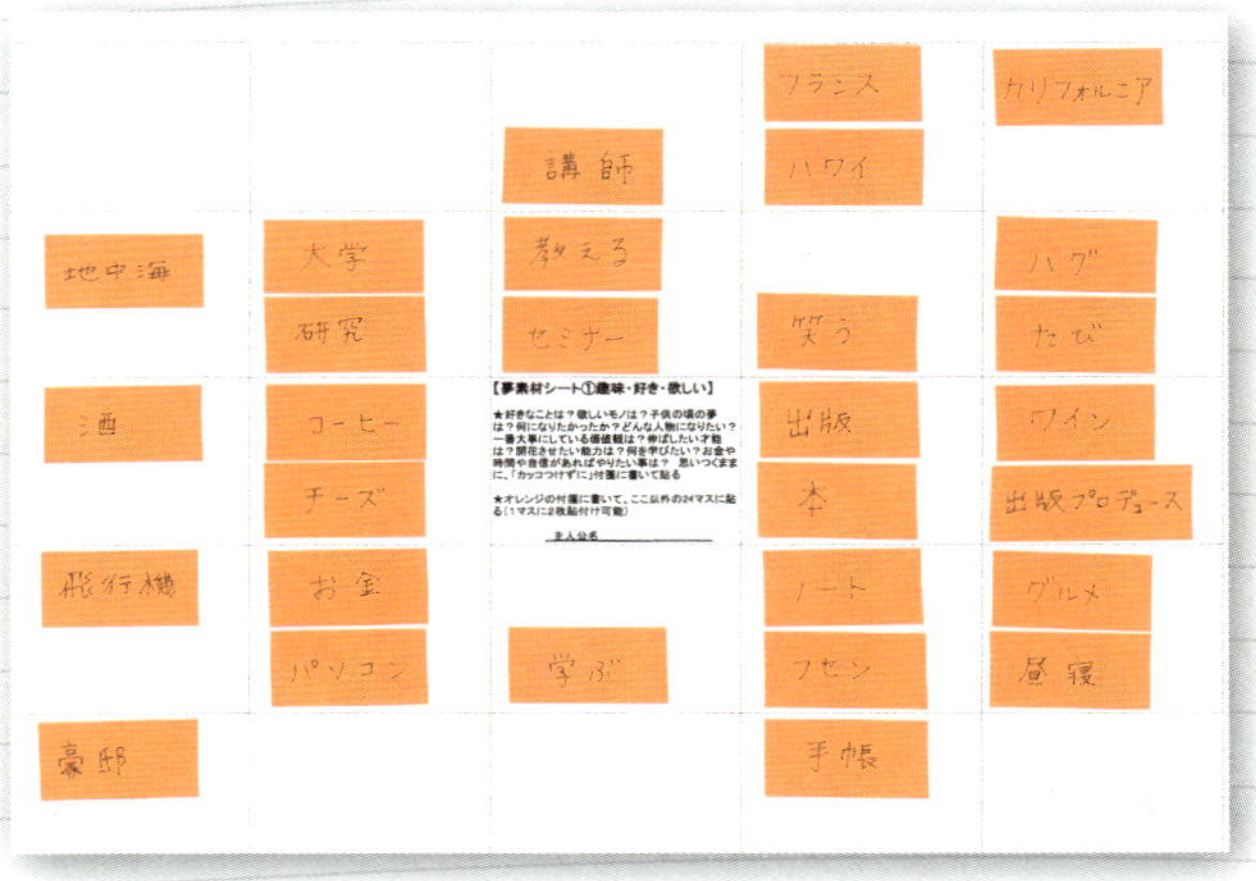

②特技・才能・奇特（黄色のふせん使用）

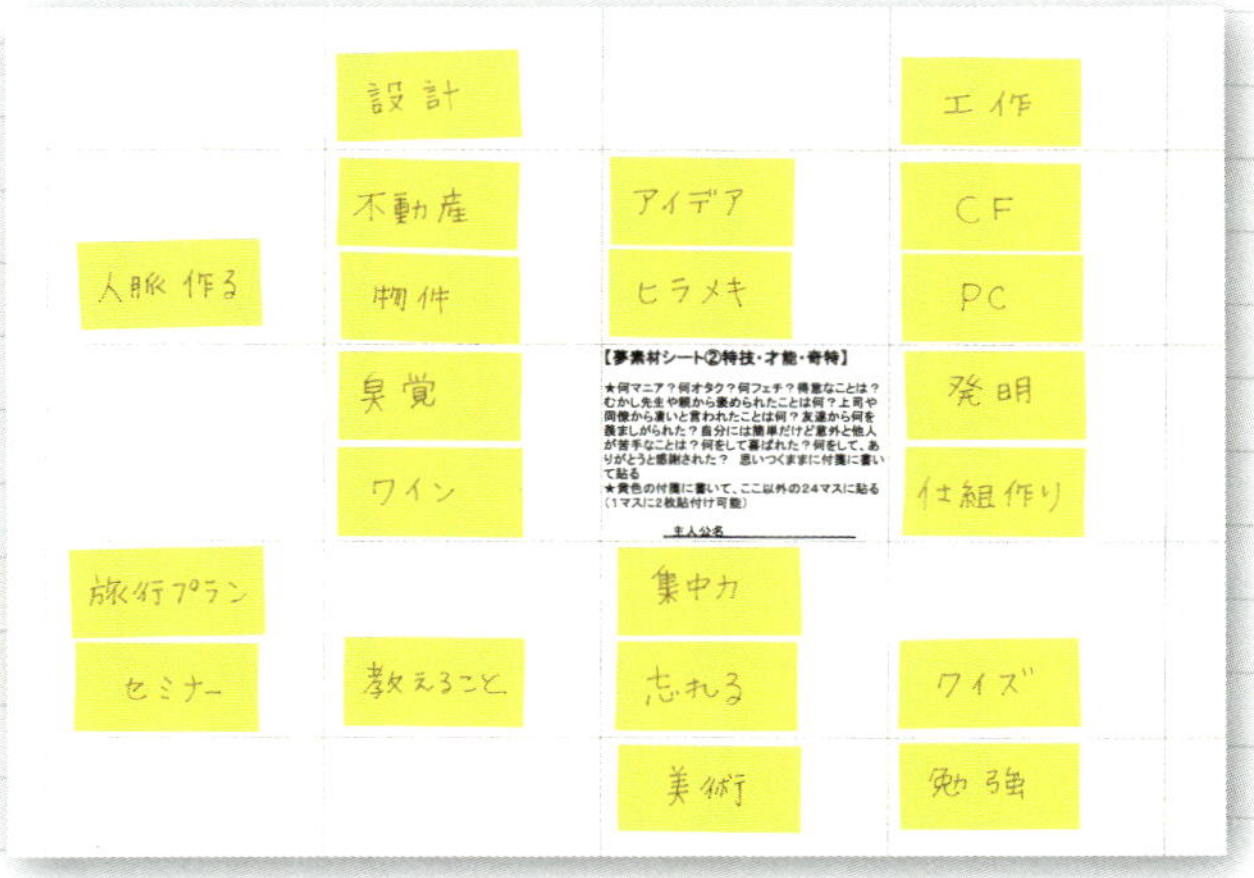

次の「ミッション再発見シート」にて使用する

③家族・健康・お金（アイスグレーのふせん使用）

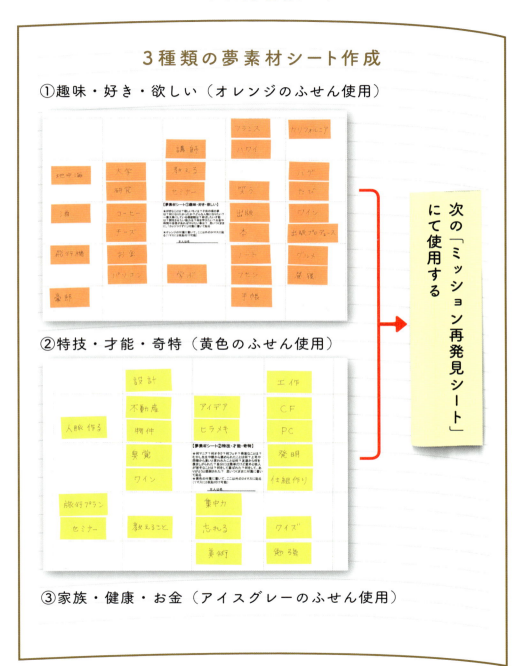

Method

3

3人1組になって作る「ミッション再発見シート」

◎ 夢素材シートを材料により夢を具体化しよう

3種類の夢素材シートが完成したら、①のオレンジのふせんと②の黄色のふせんから、直感で「これだ！」と感じたふせんを選び、「ミッション再発見シート」の外周の16マスにすべて貼りましょう。

この時、オレンジと黄色の2色のふせんのバランスは自由です。制限時間は5分。1マス2枚まで貼ってもよいので、2色合わせて最大32枚のふせんを選べます。なお、5分以内でしたら、ふせんに書かれた単語を文章化して大丈夫です。

そして、**5分が経過したら、配偶者や友人など、自分以外の人に作りかけの「ミッション再発見シート」を渡すのです**。受け取った人（A）は、外周16マスに貼られた「特技・才能・趣味」のふせんを見て、これらを活かすことによって「誰にどんな価値を提供し喜んでもらえるか？」を考え、シートの所有者である本人の代わりに、3～6枚の緑色のふせんに短文（単語でも可）を書き、内周8マスのどれかに貼るのです。

作業が終わったら、Aは別の人間（B）にミッション再発見シート」を渡し、BもまたAと同じ作業を行い、内周8マスの空いた場所に緑色のふせんを3～6枚貼ります。

内周8マスには最大16枚の緑色のふせんを貼れますが、Bからシートを受け取った所有者である本人は、AとBと同じく緑色のふせんを2～4枚書いて内周8マスの残った場所に貼ります（すべて埋める必要はありません）。

最後は、内周の緑色のふせんを見ながら、自分にとっての「夢、ミッション、レゾンデイト」が何かを赤いふせん1～2枚に書き、中央のマスに貼ればシートは完成します。

「ミッション再発見シート」のポイント

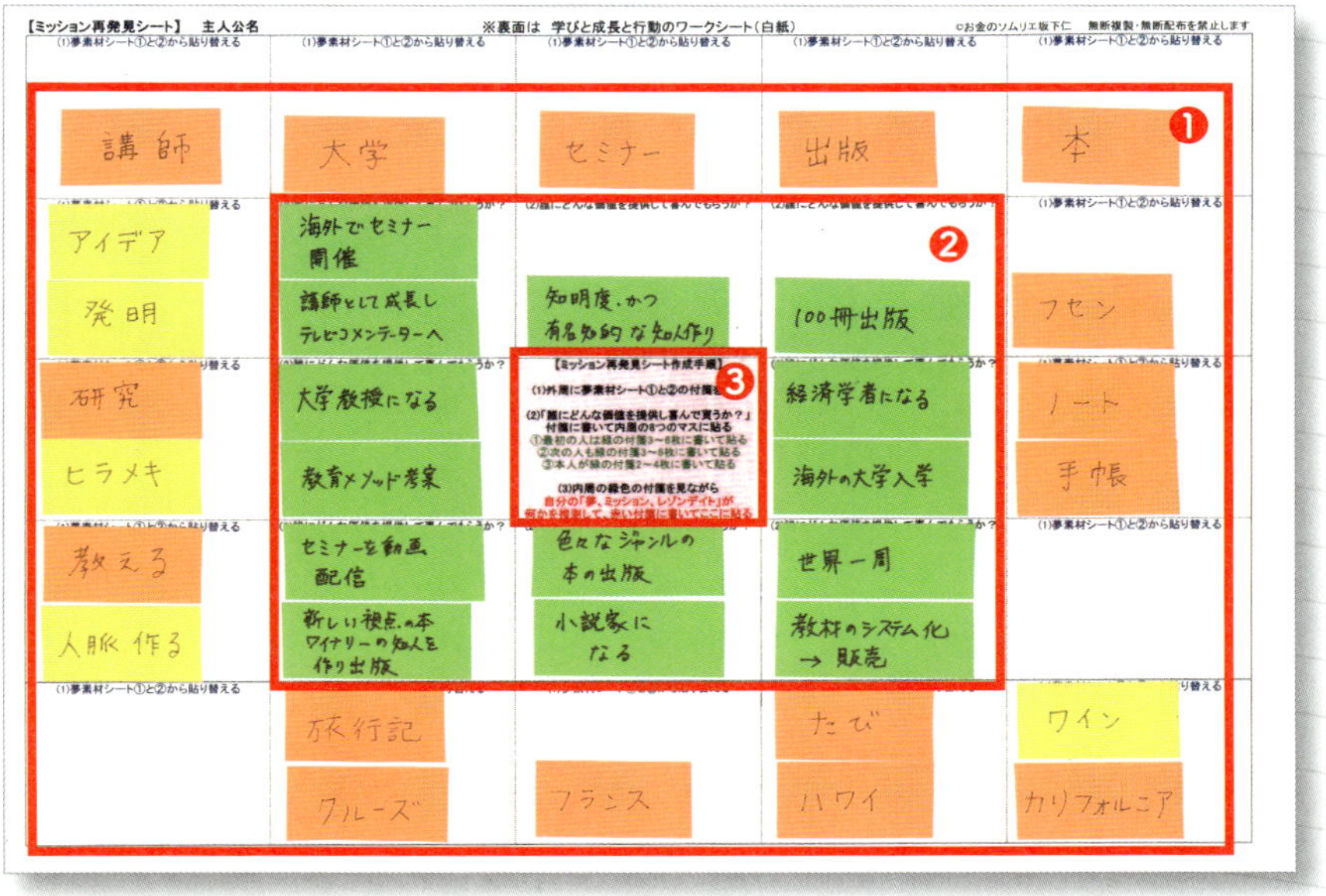

内周の❶のふせんを本人に代わって書く２人は、❶の外周に貼られた「特技・才能・趣味」のふせんを拡大解釈（善意のストレッチ）を行い、「お金を払ってでも頼みたい」「こんな人を助けられる」というふうな貢献ネタに落としこむ。

さらに

学びと成長と行動のワークシート

❶ 完成した「ミッション再発見シート」を再びＡに渡す。

❷ Ａは赤と緑のふせんを見て、シートの所有者本人は何を学びどう成長し行動すべきか、水色のふせん３枚以上に「短文（単語でも可）」で書き、シートの裏に貼り、Ｂにシートを渡す。

❸ Ｂも❷と同じことをして、シートを所有者本人に返す。

❹ 所有者本人も同じように水色のふせんを３枚以上書き、シートの裏面に貼る。

Method

４

成功後の気持ちで作成する「ストーリー構築シート」

◎ ２人の助けを借りて具体的な未来を予想しよう

最後の難関が、北欧スタイルのアフタースクールを運営している、グローバルリーダーキッズＡｙｕｍｅの高岸さんが開発した「夢マップ」がヒントになっている「ストーリー構築シート」の作成です。

前段階の「ミッション再発見シート」や「学びと成長と行動のワークシート」に続き、このシートも２人の人（ＡとＢ）に協力してもらい完成させましょう。

まず、シートの所有者は中央「①夢〜ミッション〜レゾンデイト」に赤のふせんを貼り、その実現がイメージできる年月日をシート上部の欄外に記入。それが終わったら、シートと参考用の「ミッション再発見シート」をＡに渡します。

Ａは**シートの所有者に代わり、夢がすべて叶った前提で、過去を振り返るインタビューを受けているつもりで、中央に貼られた赤のふせんに即しながら、②〜⑨の８つの質問に「短文」で回答します。**

回答はピンクのふせんに書き、それを外周のハイフン１（②-1〜⑨-1）のマスに貼ります。

Ａからシートを受け取ったＢも同じことをしますが、ピンクのふせんは外周のハイフン２（②-2〜⑨-2）のマスに貼ります。そして、Ｂからシートを受け取った所有者は、ＡとＢに何を考えてピンクのふせんを書いたのか説明してもらいましょう。

２人の説明を参考にして、所有者本人がピンクのふせんを書き、内周の②〜⑨の空欄を埋めれば「ストーリー構築シート」の完成です。

なお、ピンクのふせんを書く際には、中央の赤いふせんだけではなく、ＡとＢが書いてくれた外周16枚のふせんを参考にしましょう。流用できるものはそのまま内周に貼り替えても問題ありません。

ストーリー構築シートの質問項目

夢が実現した今（WHEN 西暦　　年　　月　　日）、私＿＿＿＿（WHO主人公）が思うこと。

❾-1	❾-2	❷-1	❷-2	❸-1
❽-2	❾	❷	❸	❸-2
❽-1	❽	❶	❹	❹-1
❼-2	❼	❻	❺	❹-2
❼-1	❻-2	❻-1	❺-2	❺-1

❶ 夢〜ミッション〜レゾンデイト

お金・時間・自信の3つの自由を得た私が嬉々として貢献すること（赤いふせんに書く）

❷ WHY〜なぜその夢を持ったか？

なぜ私が、その夢を持ったかというと……

❸ EMOTION〜原動力

私が情熱的に取り組めたエネルギー源とは……

❹ WHAT〜私が提供する価値

私が提供し貢献している価値とは、ズバリ

❺ WHOM〜誰に貢献

私の取り組みで喜ぶ人たちは、例えば……

❻ HOW〜どうやって叶えたか

実は私は、こうやって夢を叶えました

❼ FEEL〜あなたの気持ちは？

夢が実現した今の私の気持ちは……

❽ FAMILY〜家族の幸せ

夢が実現した今、家族は笑顔でこう言う……

❾ EPILOGUE〜夢のその先

3つの自由を手に入れた私は……

Method
5
ふせんをペタペタ貼り替えて「ふせん式夢実現シート」を完成

基本的には、これまで作成してきた「夢素材シート①～③」「ミッション再発見シート」「学びと成長と行動のワークシート」「ストーリー構築ワークシート」に貼ったふせんから、最適のふせんを選び貼り替えます。ただし、違和感がある部分を修正しても、新しいふせんを書いて貼っても大丈夫です。**完成後は目につく場所に貼り、新たな気付きがあればふせんの修正・貼り替えをしましょう。**

◎ これまで作成したシートから最適のふせんを貼り替えよう

無意識の言語化は非常に体力を消耗するため、「ストーリー構築シート」を完成させるとクタクタになっているはずですが、すでに「夢実現シート」は8割強完成しているようなものなので、最後の気力をふりしぼりましょう。

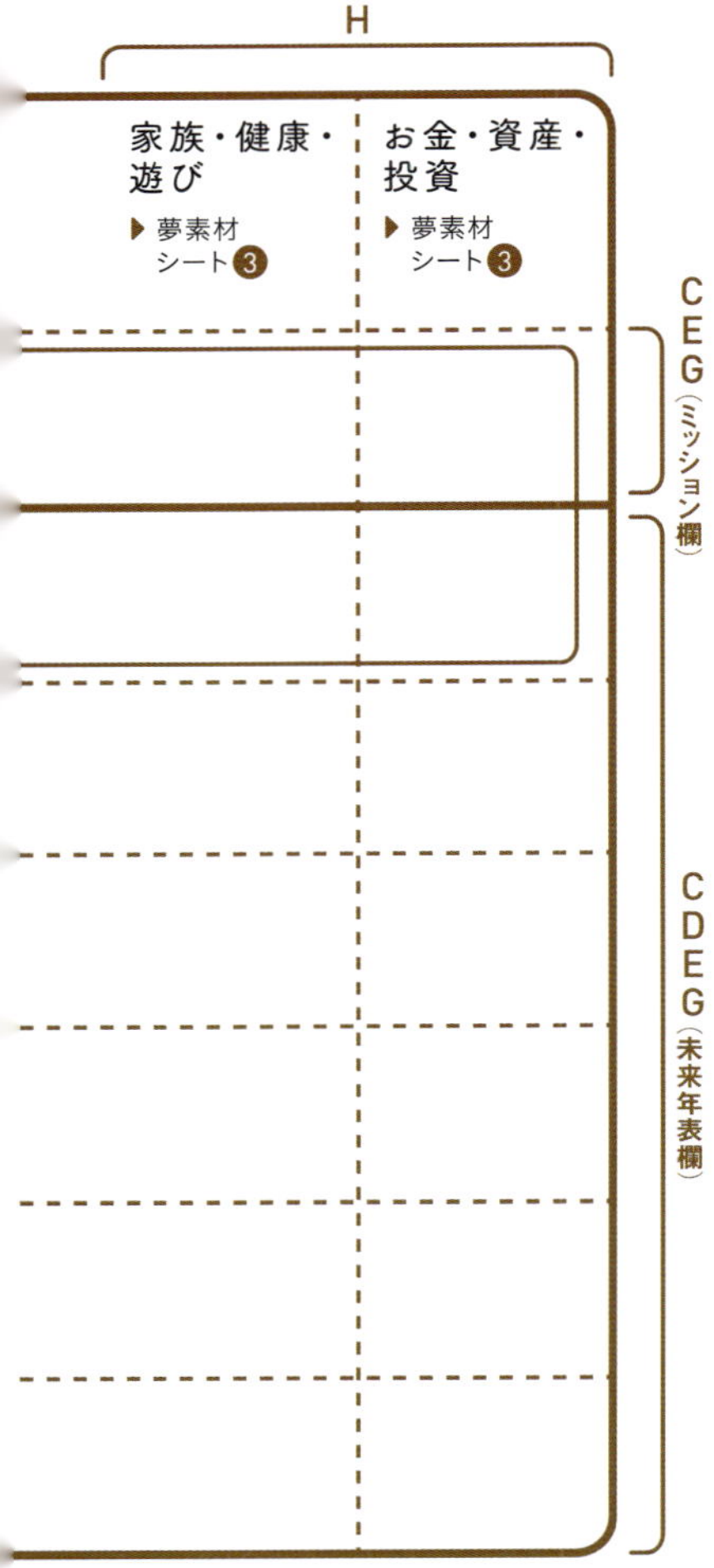

G：「夢素材シート❶～❸」からも、ミッション欄か未来年表欄に貼れるものがあれば貼り、全体を見てしっくりくる内容に修正する（ふせんの色は自由）。

H：最初の段階では、未来年表欄の「第1章～第4章」が埋まらなくても、「家族・健康・遊び」と「お金・資産・投資」の列に空白があっても気にしない。

第9章
ふせん式夢実現シート

夢実現ストーリーのタイトル
❷～❽のストーリーを参考にタイトルを考えて赤いふせんに書いて貼る

WHY	❷ WHY～なぜその夢を持ったか?
EMOTION	❷ EMOTION～原動力
WHAT	❷ WHAT～私が提供する価値
FOR WHOM	❷ WHOM～誰に貢献
HOW	❷ HOW～どうやって叶えたか
FEEL	❷ FEEL～あなたの気持ちは?
FAMILY	❷ FAMILY～家族の幸せ

	貢献（誰かに役立つ） ▶ミッション再発見シート ▶夢素材シート❶❷	学び・成長・行動 ▶学びと成長と行動のワークシート ▶夢素材シート❶❷
❶ 夢ミッションレゾンデント	B	
❶ エピローグ ハッピーエンド（具体的姿） 年～　年		
第4章 年～　年		
第3章 年～　年		
第2章 年～　年		
第1章 年～　年		
プロローグ 年 決別する今		

A：「ストーリー構築シート」内周の❷～❽のふせんをシート左側の❷～❽のマスに貼り替える。また、エピローグ欄には「ストーリー構築シート」内周❾のふせんを貼る。そのうえで、左上に［夢実現ストーリーのタイトル］を赤いふせんに書いて貼る。

B：「ミッション再発見シート」の中央の赤いふせんを、ミッション欄かエピローグ欄のしっくりくる箇所に貼り替える。

C：「ミッション再発見シート」内周の緑のふせんのうち、ミッション欄か未来年表欄に貼れるものがあれば貼り替える。

D：「ミッション再発見シート」外周のオレンジと黄色のふせんのうち、未来年表欄に貼れるものがあれば貼り替える。

E：「学びと成長と行動のワークシート」の水色のふせんからも、ミッション欄と未来年表欄に貼れるものがあれば貼り替える。

F：C～Eで貼り替えたふせんのうち、単語のものは、適宜短文化してもよい。

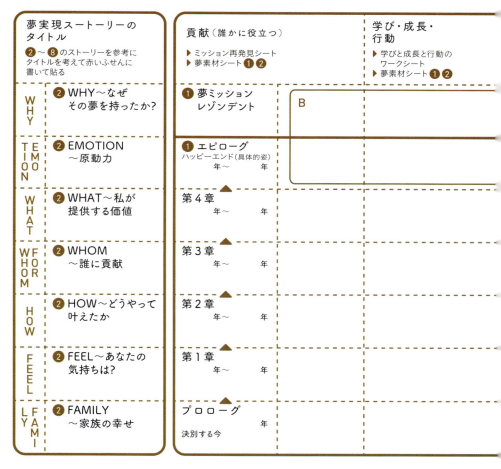

Method 6

ふせんノートで人生がはかどるカラクリ

◎「ふせんとノートを買う」と手許のふせんに書きなさい

第1章から第9章で学んでいただいたノウハウは、実は図表のようにすべて密接に連鎖しています。

❶ふせんがあれば、あなたの脳裏から前触れもなく飛んできて、一瞬で消え去る流れ星「ひらめき」をスケッチできるようになります。

❷そのひらめきをノートに貼るだけでワンポケット化され、すべてを一覧できます。ふせんQAノート術を使えば課題や疑問もすべて解決します。

❸ふせんマップ三兄弟でノート上のふせんを活用すれば、プロジェクトも思いのまま。夢実現シートを作れば強い動機も生まれます。

❹そのプロジェクトや夢実現シートを、ふせんを使って分解するだけでタスクが具体化し、スケジュールも出来上がります。

❺強い動機はすでに出来上がっているので、タスクを行動に移すことは簡単です。

❻行動する過程で、新たな成功体験と失敗体験も積み上がり、夢が1つずつ実現していく。

❼結果的に心がさらに深化して無意識への蓄積が膨らみます。それが新たな「ひらめき」をはじき出す。

このように、**たった1枚のふせんをきっかけに、プラスのスパイラルが永遠に続く**のです。こうして「お金がない」「時間がない」「自信がない」人にも、「お金の自由」「時間の自由」「自信の自由」が訪れる。たった1枚のふせんが、人生を自由にするのです。だから、とにかく今すぐ始めましょう。

「粘着面の広いふせんとA4ノートを買う」と、手許のふせんに書くだけです。それだけで「人生がはかどる」第一歩を踏み出したことになるのですから。

ふせんノートで人生がはかどる仕組み

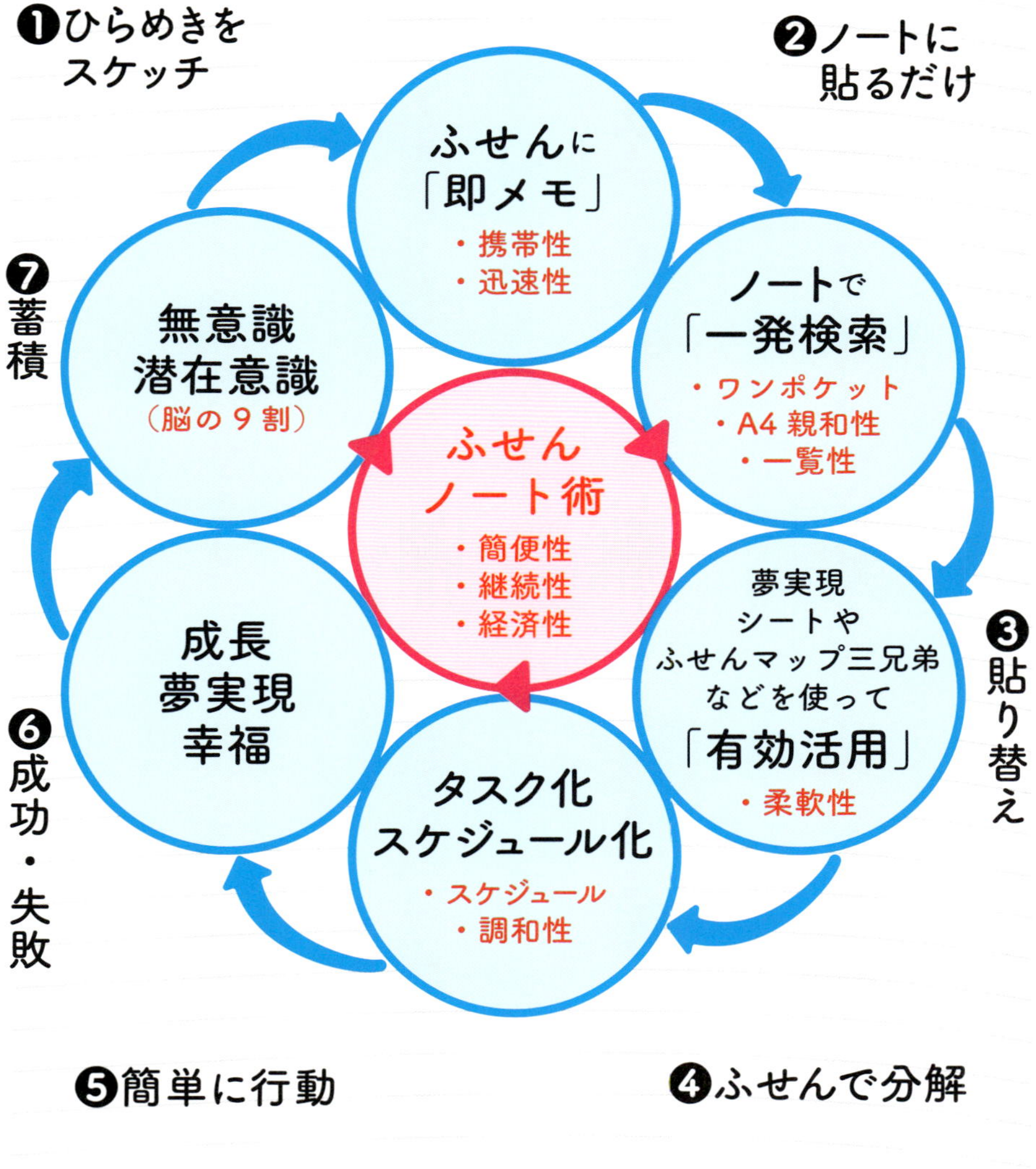

ふせんノート公開

集めたふせんを元にしてアイデアや
タスクをひねり出したページ

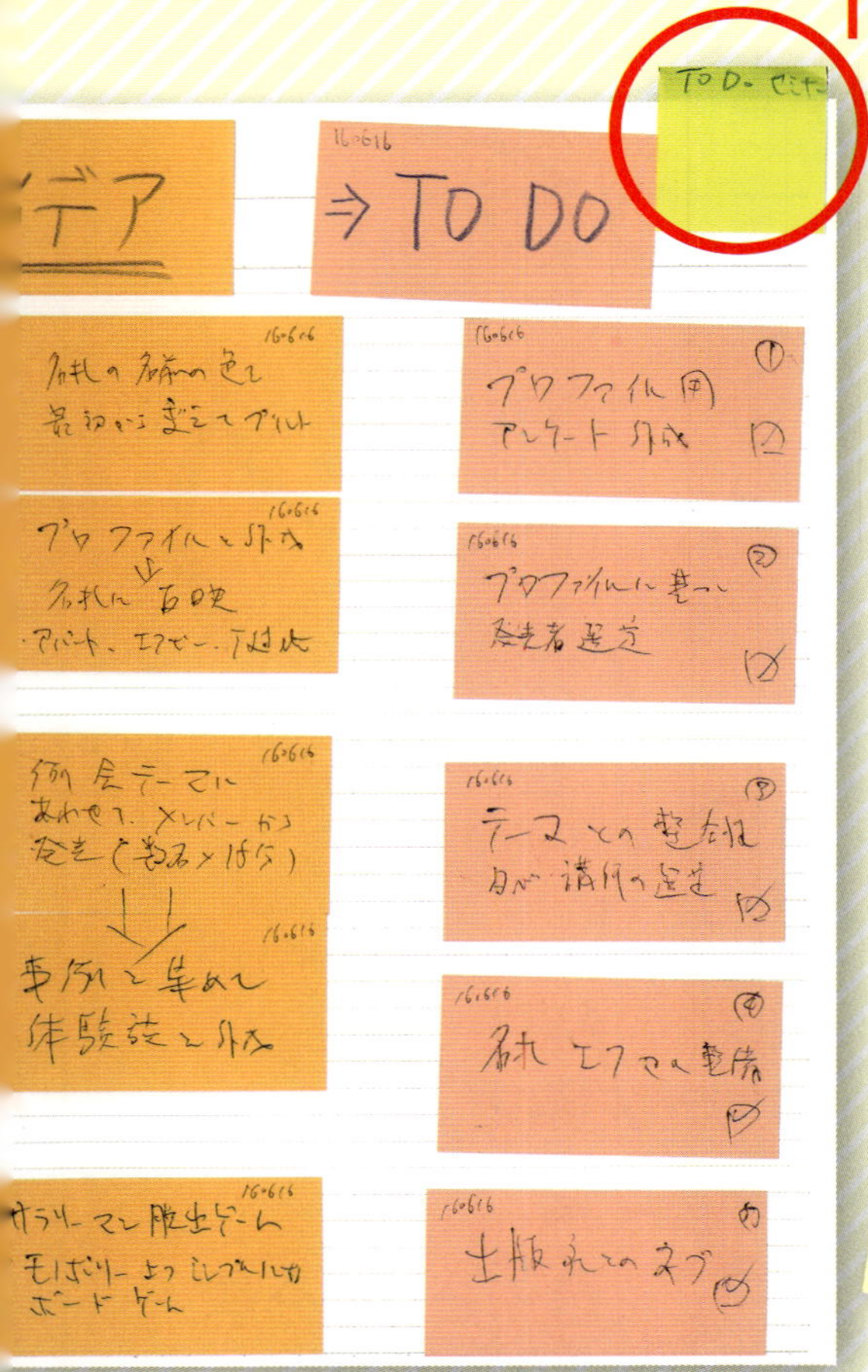

CHECK POINT

ふせんの順番は時系列で貼るべし

考えの移り変わりがあとでもわかるように、ノートにメモ済みのふせんを貼る場合は、時系列に沿って貼って整理しましょう。

CHECK POINT

ノートのうしろにプロジェクト用ページ

解決したい課題やテーマが生じた時は、うしろのページにプロジェクト用のページを作り、そこに使えそうなふせんを貼り替え、アイデアやタスクをひねりだす。

巻末付録1

わたしの

時系列順のふせんページから、特定のテーマに関するふせんを剥がして集めたページ

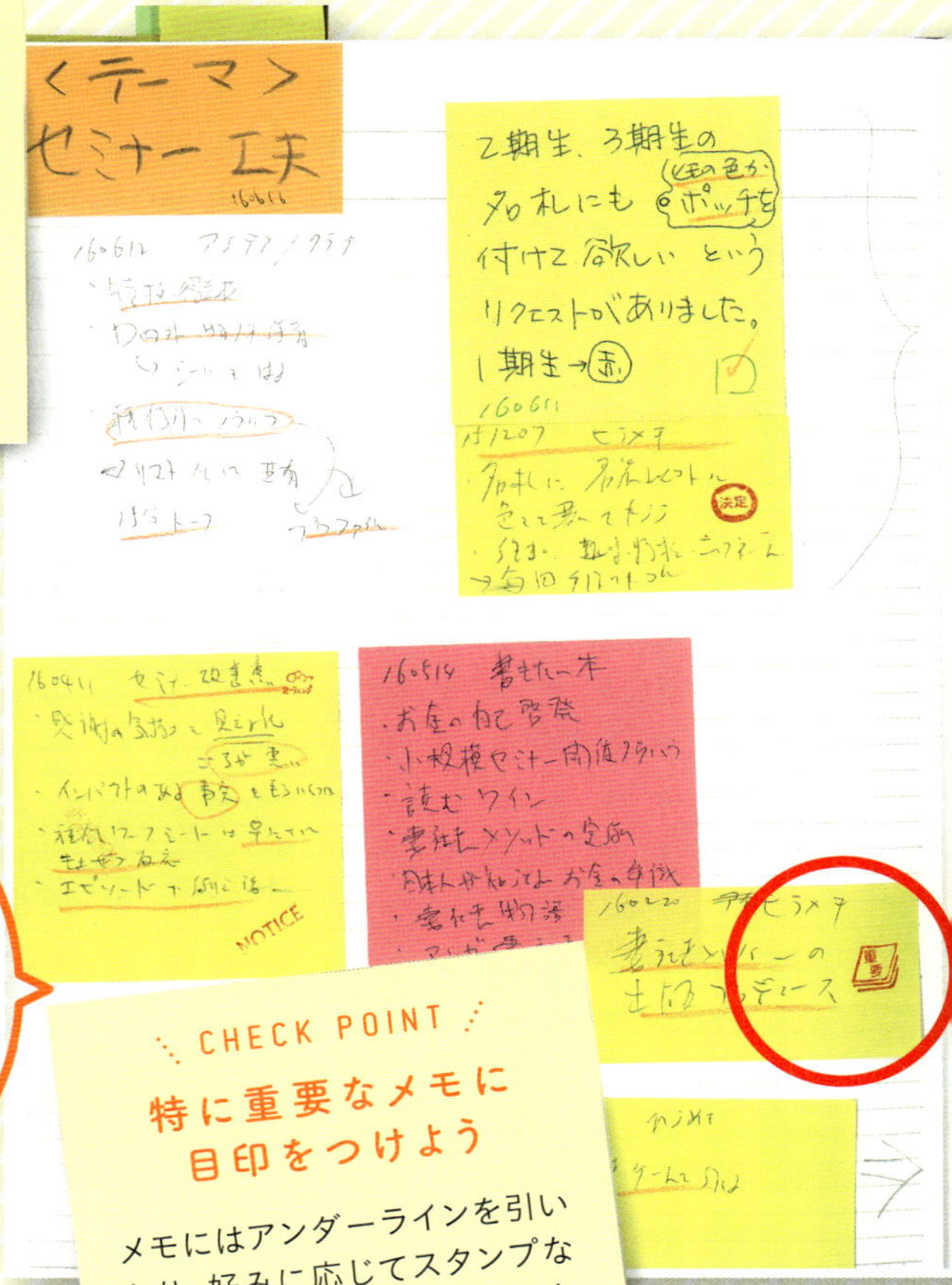

CHECK POINT

To Do リストに見出しをつける

ふせんを整理してTo Do リストとなっているページには、見出し用ふせんを貼り、いつでも見直しできるようにしておきましょう。

CHECK POINT

特に重要なメモに目印をつけよう

メモにはアンダーラインを引いたり、好みに応じてスタンプなどで重要度が分かるようにしたりしましょう。

にたどり着くまで

5年で借金を返済

ふせんノートの発案

妻をプライベートカンパニーの社長にする「妻社長メソッド」を編み出す課程で、ふせんが持つ可能性に気付き、ふせんノート術を発案。

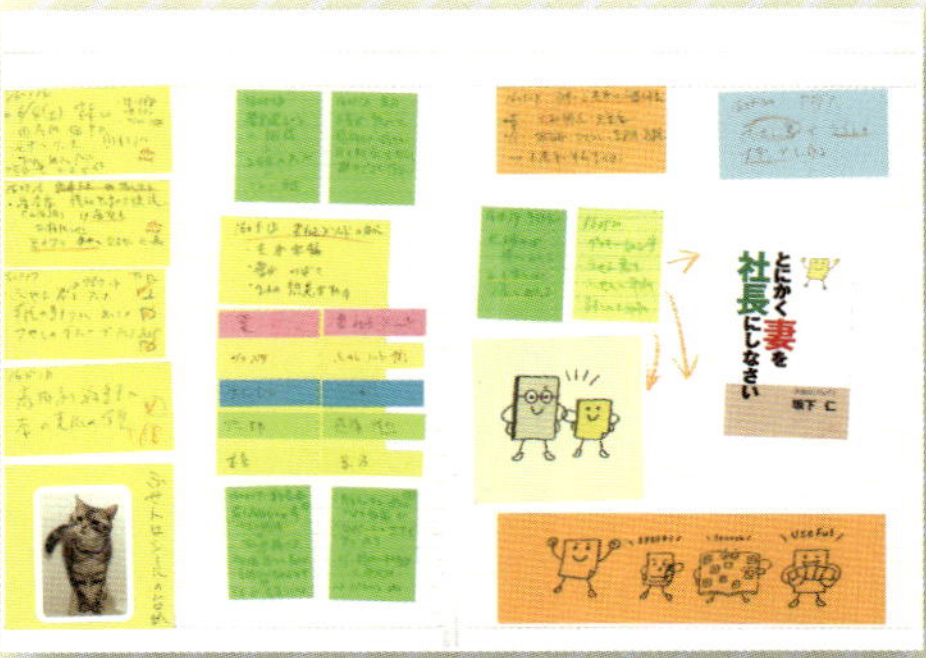

銀行員時代

メガバンクの行員として充実した生活を送る一方で、様々なノート術や手帳術を試すも、どれ1つとして使いこなせなかった。

株取引で
莫大な借金

破産寸前に
追い込まれる

「銀行員＝お金のプロ」
という自惚れから
財布も心もボロボロに

巻末付録2　ふせんノート

さらにメソッドが
進化

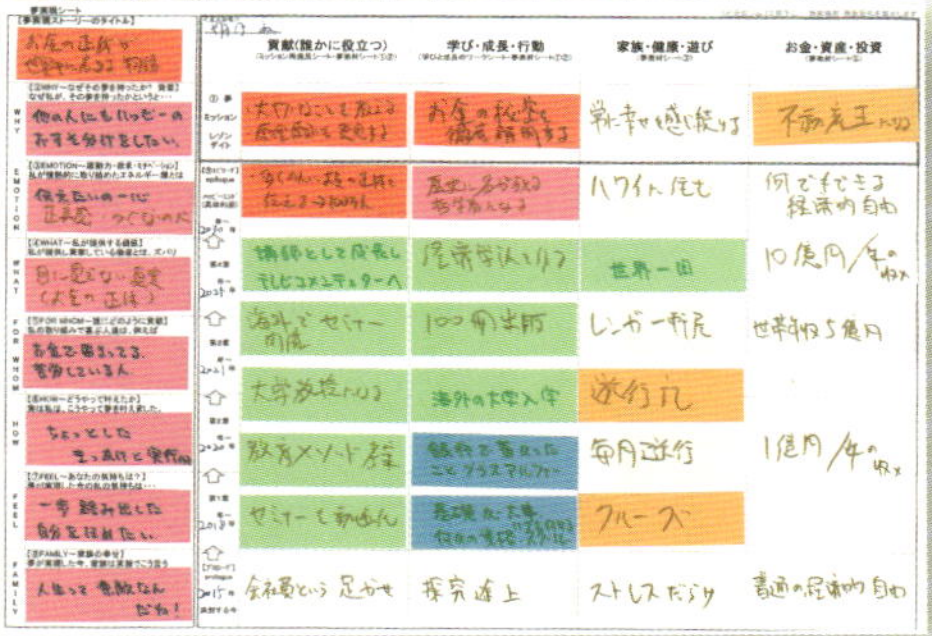

メソッドを構築

ふせんノート継続によって資産を増やした体験から、そのメソッドを世に広めることで社会貢献することを決意する。

夢実現シート完成

ふせんノート術をさらに発展させた「ふせん式夢実現シート」が完成。書いた内容が次々と実現し、その実力を実感する。

セミナーを
開始

現在の私

「お金のソムリエ」として、執筆のかたわらセミナーを開催し、毎年多くの受講生に「妻社長メソッド」を伝授している。

使えるノート・手帳10原則

1
いつでもどこでもメモできること（携帯性）

2
ゼロアクションで即メモできること（迅速性）

3
すべての情報を無理なく集約できること（ワンポケット）

4
紙面が大きく一覧できること（一覧性）

5
用途や好みに合わせてカスタマイズできること（柔軟性）

6
業務で多用するＡ４書類との親和性があること（Ａ４親和性）

7
細かいルールやノウハウに頼らなくても良いこと（簡便性）

8
誰でも簡単に使い続けられること（継続性）

9
スケジュール管理と折り合いをつけられること（スケジュール調和性）

10
コストがかからないこと（経済性）

メモの3つの役目から導かれる10原則

	最低限の役目	ノート・手帳10原則	
1	即メモ	第1条　携帯性 第2条　迅速性	ユーザーのための理念
2	一発検索	第3条　ワンポケット 第4条　一覧性	
3	有効活用	第5条　柔軟性 第6条　A4親和性	
	当然の前提	第7条　簡便性 第8条　継続性	
	その他	第9条　スケジュール調和性 第10条　経済性	

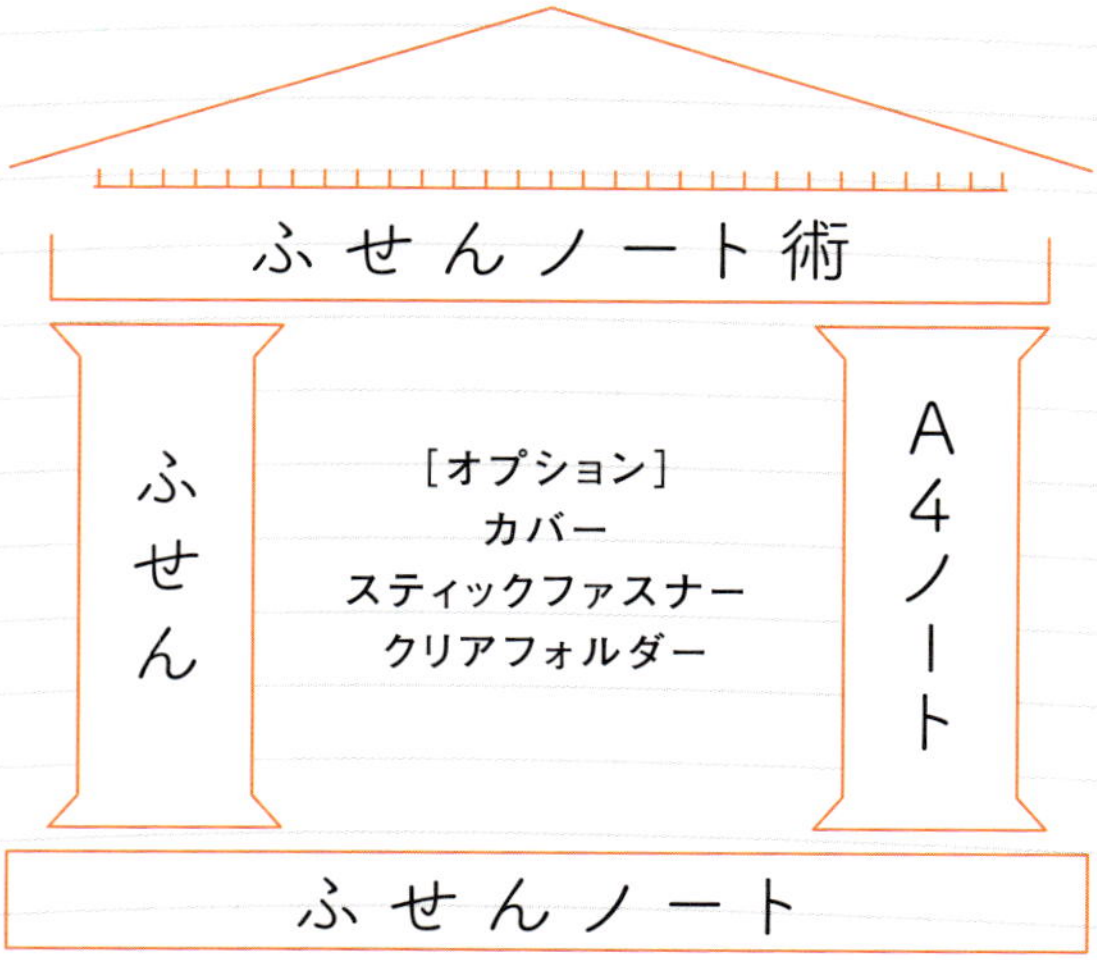

Copyright © Jin Sakashita All Rights Reserved.

最低限のルールを守ってあとは自由にオリジナルの「ふせんノート」をさっそく始めよう

最後に…

ふせんノート博士　坂下 仁

この本で紹介した具体的ノウハウをすべて真似する必要はありません。ノートや手帳の使い方は百人百様ですから、あなたにとって一番しっくりする使い方、無理なく続けられる方法から始めてみてください。慣れたらそれをベースにして、あなたオリジナルのふせんノートを育てていくことが、何よりも一番大切です。

ふせんノートには、めんどうなルールがほとんどなくて**自由度が高いので、あっけないくらい簡単に始めることができます**。「ふせんに書いてノートに貼るだけ」ですから、幼稚園児でもすぐに始められます。

ところが最近、とても重大なことに気づきました。それは、「自由であれば自由であるほど、人間は具体的に何をすれば良いのか分からなくなる」ということ。ふせんノートは自由度が高いので、使ったことがない人にとっては、自由すぎて逆に使い方が分からなくなるのです。そこで本書では、図解と写真を使い、いくつかの具体例をとりあげてみました。しかし、これらはあくまでも「例」ですので、過度にとらわれないようにしてください。

ふせんノートの真骨頂は、ユーザーの潜在能力を余すところなく引き出す自由度の高さなのですから、「例」に忠実に従えば従うほど、ふせんノートが持つ本来の良さが失われます。

ですから、この本の内容を参考にしつつも、**自分オリジナルのふせんノートを育ててみましょう**。フェイスブック上に「付箋好き集まれ！」というグループを作りましたので、その中で情報交換をしながら、この世に1つだけのふせんノートを完成させてみてはいかがでしょうか。

【著者プロフィール】

坂下仁　Jin Sakashita

ふせんノート博士、講演家、ビジネス書作家、元メガバンク行員、日本手帖の会会員。

二十数年にわたり、メガバンクの行員として数百に及ぶ企業や個人へのコンサルティング・財務指導・融資を手がけてきた。しかし、自らの金融知識を過信したために株取引で莫大な借金を抱え、破産寸前にまで追い込まれる。そのどん底で気づいた「お金の本質」がヒントとなり、プライベートカンパニーを作って妻を社長にする「妻社長メソッド」が誕生。5年で借金を全額返済するとともに、数千万円のキャッシュフローと数億円の資産を手に入れた。その最大の原動力となったのが、ふせんとノートを非常識に活用する「ふせんノート術」。

現在、北は北海道、南は九州、東はアメリカまで、プライベートカンパニーにて保有する資産はテナントビルやロードサイド型店舗・倉庫・一棟マンション・ホテルコンドミニアムなど多岐にわたり、社会に貢献しながら安定した収益を維持している。また、「お金のソムリエ」として東証一部上場企業グループを始めとするさまざまな企業や団体での講演活動、ラジオや雑誌などのメディア出演を通じてお金の啓蒙活動に邁進。主催する妻社長セミナーの卒業生は、続々とプライベートカンパニーを立ち上げてプライベートビジネスを開始し、夢実現シートのストーリー通りに夢を叶え始めている。

著書に、日本で初めて「ふせんノート」をテーマにした書籍として『1冊の「ふせんノート」で人生は、はかどる』（フォレスト出版）がある。自身が破産寸前から資産構築するまでのノウハウを記した『いますぐ妻を社長にしなさい』と実践編『とにかく妻を社長にしなさい』（サンマーク出版）は累計11万部のベストセラー。金融業界の裏側を赤裸々に語った宮大元氏との共著である『お金のプロに聞いてみた！　どうしたら定年までに3000万円貯まりますか？』（フォレスト出版）も発売1か月で3刷と好評を得ている。また、自身の妻社長メソッドを深化させ、フォレスト出版と共同で「ザ・シンジケート」を主催、経済的自由人の輩出に注力している。

＜坂下仁公式サイト＞ http://moneysommelier.com

編集協力／株式会社ファミリーマガジン、苅部祐彦
ブックデザイン／小口翔平＋岩永香穂（tobufune）
イラスト／かざまりさ
手書き文字／愛親覚羅ゆうはん、山下孝子
DTP・図版／山口良二

＜使用写真＞
P25　上・左下　タカス／右下　さわだ　ゆたか（すべてPIXTA）
P78　左上　蕎麦喰亭／右上　vicnt／左下・右下　さるとびサスケ（すべてPIXTA）

図解 人生がはかどる「ふせんノート」

2017年2月13日　　初版発行

著　者　坂下　仁
発行者　太田　宏
発行所　フォレスト出版株式会社
〒162-0824 東京都新宿区揚場町2-18　白宝ビル5F
電話　03-5229-5750（営業）
03-5229-5757（編集）
URL　http://www.forestpub.co.jp

印刷・製本　日経印刷株式会社

©Jin Sakashita 2017
ISBN978-4-89451-747-9　Printed in Japan
乱丁・落丁本はお取り替えいたします。

たちまち
5刷の話題作！

1冊の「ふせんノート」で人生は、はかどる

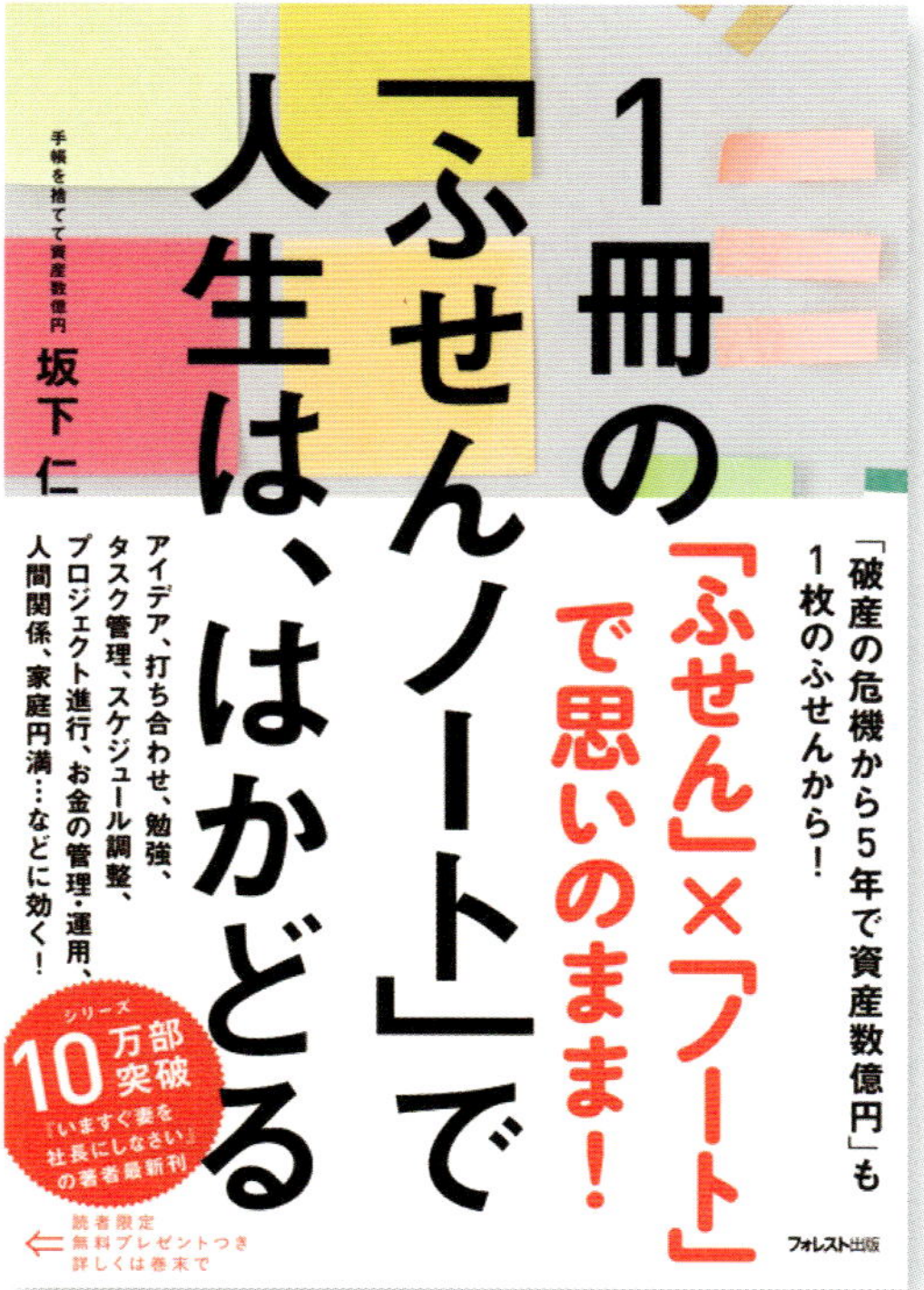

「破産の危機から
5年で資産数億円」も
1枚のふせんから！

坂下仁 著

定価 本体1300円 ＋税

「ふせん」×「ノート」で思いのまま！

アイデア、打ち合わせ、勉強、タスク管理、
スケジュール調整、プロジェクト進行、お金の管理・運用、
人間関係、家庭円満…などに効く！

今すぐ手に入る！

『図解 人生がはかどる「ふせんノート」』

読者限定無料プレゼント

今回は2つ！

PDFファイル 「夢実現シート」オリジナル台紙

9章で紹介している「ふせん式夢実現シート」を作成する際に必須となるオリジナルの台紙です。

動画 「万能ふせんノート」作り方動画

外出時はふせんだけを持ち運び、ノートはお留守番。そんな「万能ふせんノート」の作り方を解説した動画です。

※無料プレゼントは、ホームページ上で公開するものであり、冊子やCD・DVDなどをお送りするものではありません
※上記無料プレゼントのご提供は予告なく終了となる場合がございます。あらかじめご了承ください

この無料プレゼントを入手するにはコチラへアクセスしてください

http://frstp.jp/fusenz